Lina Chelli

Vibrations maçonniques
Deuxième Version augmentée

3, 5, 7

... et plus

. . . et autres

ISBN : 978-2-9540437-9-1
EAN : 97829554043791

L'auteur ne livre ici que l'humble jaillissement spontané d'une connexion méditative, fruit d'un long travail intérieur pour en extraire sa concrétisation.

Les alexandrins qui composent ses acrostiches n'en sont qu'une ébauche pour tenter de percevoir *la substantifique moelle* de l'Essence du Verbe, but ultime de sa quête sans fin.

Du même auteur :

« Sexe Amour et Poésies »
« Fumées »
I.R.N.I. Une Voie de Lumière
« L'Anneau de Dieu »
« Esther Magnétiseuse »
« Vibrations Kabbalistiques »
« Bon Voyage Fred, Vibrations de l'au-delà »
« Amour Fantasme et Libertinage »

Pour joindre l'auteur : **linachelli@laposte.net**
linachelli@yahoo.com

Tél : 06 16 08 02 52

De Midi à Minuit

Dans un endroit couvert, connu des seuls maçons,
Est recréé un temps d'une autre dimension,

Moment privilégié du début des travaux,
Il permet à chacun d'oublier ses métaux,
D'un éclat maximal le soleil resplendit,
Il est l'instant précis qui commence à midi,

Á l'heure où l'ouvrier peut œuvrer pleinement,

Mais pour avoir vécu activement ce temps,
Il doit de sa lumière en être le garant,
Ne pas rompre son lien ni sa pérennité,
Une fois refermé ce brin d'éternité,
Il doit le transcender dans la profonde nuit,
Tout en le prolongeant de midi à minuit.

NI NU NI VÊTU

N'avoir pour seul aspect que son âme sincère
Introduite en un lieu entouré de mystères,

N'avoir qu'un cœur soumis, humilié mais confiant,
Un bandeau sur les yeux pour mieux voir autrement,

Ni assis, ni debout, ni courant, ni marchant,
Innocent de tout vice, interrogé pourtant,

Vaincre de son ego un éternel dilemme,
Écrire un testament, c'est renaître à soi-même,
Transcender de son corps un habit de vertu,
Un esprit de cherchant, né ni nu ni vêtu.

APPRENTI

Il est Midi

Il est midi, c'est l'heure où tous les ouvriers,

Délaissant leurs métaux, empoignant leurs outils,

Vêtus de leurs gants blancs et de leur tablier,

Entament leurs travaux en loge d'apprenti.

Dans un endroit couvert, du haut de leurs trois ans,

Chacun sur sa colonne, et tous face à l'Orient,

Font le signe de l'ordre et se font reconnaître

Par les deux surveillants du Vénérable Maître.

Ils ne savent encor ni lire ni écrire,

Seulement épeler, mais ces tailleurs de pierre

Ont en commun un but, auquel chacun aspire :

Chercher la Vérité et trouver la Lumière.

Il pleut

Il faut focaliser toute notre attention
Lorsqu'un profane entend certaines discussions

Pour bien neutraliser cette oreille indiscrète
Le premier des devoirs de tout parfait maçon
Est d'employer les mots d'une expression secrète
Utilisée alors pour préserver au mieux
Tous ceux qui comprendront ce que veut dire «il pleut ».

L'Apprenti

La pierre inachevée qu'il faudra dégrossir,

Avec un fil à plomb, un maillet, un ciseau,
Pour celui qui voudra, privé de tous métaux,
Pour celui qui saura qu'il faut pour réussir
Redescendre en lui-même afin de rectifier
Encore et toujours plus cette pierre grossière,
Ne pourra progresser dans ce vaste chantier
Tant qu'il n'aura compris que dans cette carrière
Il est en même temps la pierre et l'ouvrier.

L'air

Le souffle créateur, la parole initiale,

Accentuant du Verbe une force vitale,
Impulsion de la vie émanant l'univers,
Rejoint des éléments, la puissance de l'air.

L'Eau

La source de la vie, berceau en mouvement,

Essence de matière et subtil élément,
Activant de l'esprit l'éternel renouveau,
Unifie par le sel, le principe de l'Eau.

L'Égrégore

L'énergie positive et l'influx bénéfique

Exaltés par l'esprit, c'est l'alliance alchimique

Générée par l'aura, c'est le moment unique

Raccordant de chaque âme un lien qui les unit,

Élément essentiel, qui parfait l'harmonie

Garante d'un amour, sérénité suprême,

Où chaque individu va se fondre à lui-même,

Rejoindre dans l'espace, ou bien plus loin encore,

Entièrement tous ceux qui créent cet Égrégore.

L'Équerre

L'effort et la rigueur, dans la stabilité,

En empruntant la voie d'une autre vérité,
Qui ordonne le beau, stabilise la pierre,
Unifie du niveau sa perpendiculaire,
Équilibre du Moi, vers Soi et son contraire,
Rectifie de l'action son entité première,
Régule de droiture un angle de Lumière
En modelant son âme à celle de l'Équerre.

L'Ésotérisme

La magie du vécu lors de l'initiation

Est la clef du parcours de chaque franc-maçon,

Si le secret demeure, en cette transmission

Orale des élus, selon la tradition

Tout reste à découvrir, il faut que le cherchant

Éveille son esprit dans sa marche en avant,

Refasse un long chemin vers l'intériorité

Intime de son moi, afin de progresser,

S'imprégner peu à peu de cet enseignement,

Mûrisse son Génie jusqu'à son paroxysme,

En transcendant son âme avec l'Ésotérisme.

L'Hospitalier

L'officier qui collecte en loge les oboles,

Humble contribution de tout son atelier,

Oeuvre par sa fonction, tout empreint de symboles,

Surtout à maintenir et à solidifier,

Par cet acte d'amour le nœud universel

Imbriquant les maçons ensemble solidaires,

Tous étant réunis par le lien fraternel,

Associant, par ce geste altruiste et nécessaire,

La discrétion, le tact et l'efficacité.

Il est celui qui doit secourir et aider,

En employant au mieux les sommes récoltées,

Recevoir pour donner, il est l'Hospitalier.

L'Initiation

La volonté de naître, ou renaître à soi-même,

Implique bien souvent un changement extrême,
Nécessaire pourtant à la transmutation
Intérieure de l'être et qui, par son action,
Transforme l'impétrant qui en a fait le choix.
Il commence un chemin, une nouvelle voie,
Avec un regard neuf, une autre perception,
Tout en taillant sa pierre, il va se rectifier,
Il va trouver sa place, il va se purifier,
Orienter son esprit vers l'Unité première,
Noyau de son essence et gage de Lumière.

L'Orateur

Le gardien de la loi et de la tradition

Officier de la loge en siège et à l'Orient
Rigoureux défenseur de la Constitution
A dans ses conclusions force d'achèvement
Tout comme le soleil dispense sa lumière
En éclairant l'esprit il inscrit dans le cœur
Une parole juste et sage et régulière
Reflet de l'Art Royal dont il est l'Orateur

La Bienfaisance

L'inclinaison d'un cœur qui s'ouvre à son prochain,
Avec tendresse et Foi vers tout le genre humain,

Bénédiction de l'âme, où la reconnaissance
Intime du devoir abreuve la conscience,
Est celle qui jaillit du plus profond de l'être,
Noblesse de parole et noblesse d'action,
Fertilisant du moi, le soi, à reconnaître,
Á rechercher dans l'autre, et sans ostentation,
Incarner du divin la main de compassion,
Secrètement toujours, sans en tirer profit,
Avec tout son amour, se tourner vers autrui,
Nouer les liens féconds d'une glorieuse alliance,
C'est ouvrir son esprit au sens de l'existence,
Et le mettre en pratique avec la Bienfaisance.

La Bougie

Le feu qui me dévore est celui de mon âme,
Á chaque vibration, il fortifie ma flamme.

Brûlant de mon esprit ma conscience en repos,
Où je cherche ma voie dans cet espace clos,
Une vie se consume en ma mèche rebelle.
Genèse de l'espoir, la force ascensionnelle,
Illuminée d'amour et de pure énergie,
En éclairant le monde, éclaire la Bougie.

La Chaîne d'Union

Le lien indestructible unissant les maçons
Au-delà de la vie, au-delà de la mort,

Celui qui réunit chacun de ses maillons,
Hors du temps, de l'espace et bien plus loin encor,
Accentue l'énergie, le courant magnétique,
Insufflant peu à peu les ondes bénéfiques
Nouées à tout jamais par cette communion
Entre tous les esprits qui sont à l'unisson.

De ce souffle commun s'est allumé un jour

Un très ancien secret qui engendra l'amour.
N'oublions donc jamais que sa flamme est unique,
Il n'en existe qu'un dans sa forme alchimique,
Oeuvrons dès à présent tous à sa transmission,
Nos mains jointes ensemble en la Chaîne d'Union.

La Houppe Dentelée

La vigueur des esprits, ensemble reliés,
Assemblés un à un, exprime une unité

Homogène, mais qui, dans son extrémité,
Ouvre sur l'univers des fils bien embrouillés.
Une force enlacée dans l'espace sacré,
Périmètre d'un Monde ainsi manifesté,
Permet de recréer une autre dimension
En libérant de l'âme une autre perception.

Dans ce cordon d'espoir, qui se lie, se délie,
Enroulant, déroulant les chemins de la vie,
Noué, puis dénoué dans sa forme infinie,
Tout cherchant reconnaît le lien qui réunit
Entre eux tous les humains répandus sur ta terre.
Les lacs ne sont qu'Amour, qui sait par quel mystère,
En chaque extrémité, ils se sont démêlés
En ouvrant de leurs nœuds la Houppe Dentelée ?

La Loge

L'endroit juste et parfait, centre d'un cœur sincère,
Abritant du travail tous les tailleurs de pierre,

Large du nord au sud, des cieux jusqu'à la terre,
Ouvrant sur l'univers l'éclat de sa Lumière,
Gage de transmission, le lieu qui s'interroge
Est le vivant creuset des membres de la Loge.

La Lumière

La puissance vaincue des ténèbres recèle,
Au-delà du chemin que son éclat révèle,

La Force inattendue qui vient illuminer
Un tout autre regard qui va tout transformer.
Mais si, pour éclairer l'âme qui l'entrevoit,
Il faut la désirer avec toute sa foi,
En venant la chercher, au-delà des frontières
Révolues du néant, il faut que la matière
Exprime le reflet qui renvoie Sa Lumière.

La Lune

La Lumière reçue de midi à minuit
Amorce du soleil ce rayon qui conduit

Le reflet indirect en sa forme croissante
Unifiant de l'esprit une courbe ascendante
Nourrie par l'apparence et la force opportune
Exprimées pleinement au Monde par la Lune.

La Main

Le premier des outils, prodigieux instrument,
Agent de transmission et de discernement,

Mobile dans l'action, qui, par sa conception,
Amplifie du travail sa concrétisation,
Incarne du Génie la clef du genre humain
Nécessaire à l'esprit pour glorifier la Main.

La Paix

Le Sentiment de calme et de tranquillité
Annonciateur de Joie et de sérénité

Permet à l'être humain de vivre en harmonie
Avec ceux qui auront compris qu'à tout jamais
Il faut de tous les cœurs vaincre l'ignominie
Xénophobe de haine en bâtissant la Paix

La Pierre Brute

L'essence du noyau dans son degré extrême,
Á laquelle un maçon s'identifie lui-même,

Permet à l'apprenti de changer son aspect.
Il peut n'être pour lui rien d'autre qu'un objet,
Et pourtant, c'est sur lui qu'il devra travailler,
Rectifier avec zèle, et sans cesse tailler,
Remettre sans arrêt en question son ouvrage,
Et du ciseau passif, activer son maillet.

Bien sûr que sa démarche, à force de courage,
Rejettera aussi du bon dans ses déchets.
Une forme nouvelle alors, apparaîtra,
Tout entière exprimée par ce qu'il deviendra
En étant ce qu'il est, a été, et sera.

La Porte Basse

Le passage obligé, la limite d'accès,
Auquel tout impétrant doit être confronté,

Pour changer d'un état, un autre en devenir,
Où d'un monde profane, il devra s'affranchir,
Rabaisser d'un ego, son étroite vision,
Trouver vers la Lumière une vraie direction,
Et ni nu ni vêtu en faire l'ascension,

Braver de sa naissance une deuxième vie,
Abolir de ses peurs l'étroitesse d'esprit,
Se courber librement, c'est celui d'un espace
Sacré, qui va ouvrir son chemin qui se trace
En franchissant le seuil de cette Porte Basse.

La Règle

L'indispensable objet de contrôle et rigueur,
Analogique outil et rectificateur,

Rythme harmonieusement de la persévérance
Et de la précision la parfaite constance.
Graduant de droiture une juste exigence,
L'œil de l'esprit sera comme celui de l'aigle
En qui de son envol s'est exprimée la Règle.

La Robe

Le facteur d'unité, d'harmonie visuelle,
A, dans sa conception, l'expression essentielle

Rappelant d'une Croix, l'image intemporelle
Ouvrant d'un vêtement la forme universelle,
Bouclier protecteur, ce pur symbole englobe,
En son dépouillement, l'emblème de la Robe.

La Tempérance

L'équilibre entre excès et juste réaction
Apprend à maîtriser, réfréner ses passions,

Tout est interactif, et la modération
Engendre la sagesse en son observation.
Mais si de ses instincts la parfaite rigueur
Parvient à dominer certains élans du cœur,
Elle doit, par prudence et courage et justice,
Rechercher la raison qui peut conduire au vice,
Afin que son action, dans sa persévérance,
Ne dirige sa voie que vers la Tolérance,
Celle qui unira, grâce à la connaissance,
Ensemble les cherchants, avec la Tempérance.

La Terre

L'élément maternel de la pleine conscience,
Athanor alchimique et matrice substance,

Transmettant de l'esprit la cosmique existence,
Est celui de la vie, celui de la matière
Recelant dans son sein la manne nourricière,
Réalité du Verbe en sa forme première,
En sa pierre cachée au centre de la Terre.

La Tolérance

Le respect de soi-même est une volonté
Amorçant de chacun une vraie liberté

Totale de l'esprit et de l'intelligence
Oeuvrant à explorer une autre Vérité.
L'échange d'opinions, d'idées ou de croyance,
Enrichit l'être humain dans sa diversité.
Refouler ses passions, en son âme et conscience,
Accepter l'autre enfin, et de sa différence
Nourrir de son vécu la parfaite substance,
C'est extraire de soi toute la quintessence
Essentielle de l'âme avec la Tolérance.

La Tradition

L'action qui va transmettre est une volonté
Affirmée de partage en la continuité

Tangible d'un message et son enseignement
Remonte à l'origine et du monde et du temps
Adaptée dans l'histoire aux civilisations
De sa substance même une Génération
Inscrit dans sa mémoire un principe sacré
Transcende certains mots gestes et expressions
Incarnant du divin l'essence libérée
Où l'Ordre universel a par sa filiation
Nourri son héritage avec la Tradition

La Transmission

La graine, élaborée lors de l'initiation,
A germé peu à peu, et son évolution

Trouvera dans ses fruits son enrichissement.
Relayer un savoir, c'est transgresser le temps,
Accéder par cet acte à l'immortalité,
Nourrir de son vécu sa postériorité,
S'engager dans la chaîne où chacun des maillons
Multiplie cet échange et par sa progression
Imbibe et perpétue l'autre Génération.
Si cet élan d'amour, dans un cycle sans fin,
Se perdure à jamais, c'est que l'esprit humain
Incarne le vecteur de son évolution,
Oeuvre dans l'univers à l'amélioration
Nécessaire de l'être avec la Transmission.

La Voûte Étoilée

La conscience se perd devant l'immensité
Á laquelle toute âme, un jour, est confrontée,

Vision d'un idéal, qui, de la terre au ciel,
Ouvre sur l'univers un Temple immatériel,
Un espace inconnu, sans borne et sans rivage,
Toit naturel du monde où règne la Lumière
Émanant du divin et qui, à son image,

Éclaire du cosmos son unité première.
Tel un grain de poussière au milieu du néant,
Ou une goutte d'eau perdue dans l'océan
Infini de sa vie, une âme enfin comprend
L'éternité du temps et l'Éternel présent
Engendrant de sa chair un Esprit révélé
En le reconnaissant dans la Voûte Étoilée.

Le Bandeau

Les yeux que l'on enferme ont un nouveau regard
Et la vision qu'il donne est celle d'un départ.

Bannir de son esprit toutes les distractions
Affûte celui-ci d'une autre perception.
Ne rien voir devant soi, c'est mieux voir en arrière,
D'une flamme intérieure éclairer sa vision,
Et de l'obscurité relever le rideau,
Accentue l'émotion qui donne à la Lumière
Une autre dimension quand tombe le Bandeau.

Le Ciseau

La détermination par le discernement
Est l'outil essentiel qui doit son fondement,

Comme toute vertu, à la quête absolue
Initiale d'atteindre et d'accomplir un but.
Sous l'action résolue, une œuvre s'exorcise
Et transforme une pierre informe et imprécise,
Avec toute son âme, elle ordonne le Beau,
Un Maillet dans la main et dans l'autre, un Ciseau.

Le Coq

L'éveil de la conscience ainsi manifesté
Est un cri qui transperce et clôt l'obscurité

C'est la fin d'un sommeil annonçant la clarté
Où le jour et la nuit concrétisent le choc
Qui rassure l'Esprit avec le chant du Coq.

Le Couvreur

La limite invisible et pourtant bien réelle
Entre le lieu profane et celui du sacré,

C'est la ligne très fine et presque immatérielle,
Obstruant le passage à tous les imposteurs,
Une limite infime et pourtant bien ancrée,
Véritable barrière, écran indestructible,
Repoussant de plein droit tous les usurpateurs,
Elle est bien protégée par un garde inflexible,
Un gardien vigilant et qui, dans sa rigueur,
Répond d'un atelier dont il est le Couvreur.

Le Crâne

Le symbole macabre au sommet de l'humain,
En terminant un cycle, annonce le prochain,

C'est une clé de Voûte où germe la conscience,
Réceptacle de vie de sa glorieuse essence,
Activant du divin la force de la manne
Nourrie du Feu sacré qui vaincra l'apparence
Éphémère de l'être en libérant son crâne.

Le Delta Lumineux

Delta, œil rayonnant d'une infinie lumière,
Et qui de sa splendeur illumine la terre,
L'être cosmique a concentré en toi
Tout le savoir du monde éclairant l'univers
Avec notre raison, notre âme et notre foi.

La Franc-maçonnerie t'a choisi pour emblème,
Une énergie divine, au plus fort de nous-mêmes,
Matérialise l'Être, omniprésent sur terre,
Invisible au profane et empli de mystère,
Notre science est vaincue, stérile et déconnecte,
Et cet Esprit suprême apparaît à nos yeux :
Un inconnu du monde étrange Monsieur
X, de notre âme étant, le plus Grand Architecte.

Le feu

L'agent de transmission, actif à l'infini,
Est celui qui extrait, transforme et assainit,

Façonne et dissocie les éléments entre eux,
En une mutation qui génère la vie,
Unifiant de l'Esprit la symbiose du Feu.

Le Fil à Plomb

La ligne qui unit le ciel avec la terre
Est un axe invisible et perpendiculaire.

Fil, dont la direction donne la verticale,
Il est, de la droiture et de l'introspection,
L'équilibre parfait. Colonne vertébrale,

Á laquelle il se noue et entre en connexion,

Pour permettre à l'esprit, vidé de son trop-plein,
La rectification, pour le mettre d'aplomb,
Ouvrir de son parcours, un tout autre chemin,
Matrice de la voie et de la construction.
Bâtir son propre Temple avec un Fil à Plomb !

Le Grand Expert

L'officier qui contrôle au début des tenues,
Et qui tuile chacun des membres inconnus,

Garantit à sa loge ordre et sécurité.
Responsable averti, de par sa qualité,
Á chaque initiation, il guide l'impétrant,
N'agissant que sur ordre et sur les injonctions
Du Vénérable Maître, il est l'exécutant.

En conducteur passif, selon la tradition,
Xénophon aurait pu se reconnaître en lui,
Par sa délicatesse et par sa dignité
En silence il agit, se déplace et conduit,
Rappelant que le Temple autrefois fut construit
Tracé avec l'outil de notre Humanité.

Le Levier

La volonté morale et la force en action
Engendrent bien souvent d'énormes précautions.

L'outil, bien que passif, doit être rectifié,
Et sa puissance accrue doit être contrôlée.
Vaincre un ultime obstacle afin de s'élever,
Identifier ses peurs et puis les surmonter
En poursuivant sa voie avec ténacité,
Renforce le pouvoir infini du Levier.

Le Maillet

L'énergie contrôlée, la force créatrice,
Est, par la volonté, puissance initiatrice.

Marque d'autorité, outil de mutation,
Á chaque coup donné, son pouvoir en action
Influe sur la matière en la cristallisant.
La vie naît de la mort et son martèlement
Livre un cri de vertu, écho juste et parfait
Entendu par tous ceux, qui ont, par cet objet,
Transmis ou bien reçu l'essence du Maillet.

Le Maître des Cérémonies

La charge des outils dont il tient l'inventaire
Est une des fonctions dont il est légataire.

Mettre tous les décors, les objets nécessaires
Á l'accomplissement parfait du rituel,
Installer, disposer la loge et préparer
Toute mesure utile à l'ordre matériel
Rigoureux des travaux dont il doit assurer
Et veiller avec zèle au bon déroulement,

Destiner avant tout son accompagnement
Et son rôle essentiel à l'accomplissement
Sacré de la tenue dans ses moindres détails,

Chargé de diriger tout le cérémonial
Et de l'introduction des frères et des sœurs,
Recevant et guidant chacun des visiteurs
En montrant le chemin avec solennité,
Marchant avec sa canne, il doit tout devancer,
Ouvrir grand le passage, et, avec dignité,
Nuancer de ses pas un rythme cadencé,
Il doit, dans sa fonction dont il est le Symbole,
Escorter les maçons, suivant le protocole,
Suivant la Tradition dont il est précédé.

Le Mercure

L'Énergie inconnue qui génère la vie
Équilibre constant, mystérieuse alchimie,

Matrice primordiale initiale de l'Être,
Est celle dont la Force en chaque âme pénètre,
Réunifiant son centre à l'unité première
Contractée du reflet qui renvoie sa Lumière,
Utilisant l'espace ambiant de la nature,
Rythmant l'évolution de l'humaine aventure,
Elle relie le Sel et le Soufre au Mercure.

Le Miroir

L'autre réalité, dont il renvoie l'image,
Est celle dont il faut déchiffrer le message,

Mais c'est celle surtout qui reflète l'essence
Initiale du Verbe au travers l'apparence.
Rechercher en soi-même un autre œil pour la voir,
Ou bien la reconnaître au-delà du paraître,
Identifier son moi, c'est y trouver peut-être
Rien d'autre que son âme en l'âme du Miroir.

Le Nombre Trois

Les lois de l'univers sont les forces vivantes
Engendrées par l'Esprit, les formes différentes

Nourries par l'expression multipliée du un.
Opposition féconde et complément commun,
Matrice d'harmonie générant l'unité,
Bâtie par la substance et l'essence activée,
Rassemblées du non être et de l'être unifié,
En se régénérant par sa dualité

Tout principe absolu, conciliant le binaire,
Retrouve l'équilibre adjacent du ternaire,
Ouvrant une autre voie, où le ciel et la terre
Inscriront dans l'humain et l'espace à la fois
Son début et sa fin avec le Nombre Trois.

Le Pain

L'épi qui va subir l'épreuve de la terre
Est celui qui renaît du ventre de sa mère.

Produit d'un long travail, c'est l'élaboration
Aboutie de la vie, c'est la transmutation
Initiale de l'être exprimée par le grain,
Nourrissant de l'esprit son âme par le Pain.

Le Parchemin

L'un des nobles supports servant à l'écriture
Était dans l'ancien temps d'une rare texture.

Pergame fut la ville où les premières peaux
Animales étaient trempées dans de la chaux,
Raclées par un couteau pour être amincies,
Complètement polies, bien poncées et blanchies,
Habilement tendues compressées et lissées.
Elles étaient alors l'un des précieux témoins
Magnifiant du divin la Parole sacrée.
Il est dit que l'Esprit qui exalte Sa Main
Nourrit de Sa Blancheur l'âme du Parchemin.

Le Pavé Mosaïque

Les carreaux noirs et blancs du sol d'un atelier,
Ensemble réunis pour former un damier,

Plancher qui concrétise une dualité
Apparente d'un monde, où enfin l'unité
Va peu à peu s'étendre et se manifester
Entre le virtuel et la réalité,

Mêlent dans cette union le ciment invisible,
Où le bien et le mal traceront leur chemin.
Si le jour et la nuit, féminin, masculin,
Au-delà du réel y sont indivisibles,
Ils ont de cette essence extrait une matière
Qui tissera le lien d'une voie de Lumière,
Unifiera les cœurs d'une alliance hermétique,
Écrin juste et parfait d'un Pavé Mosaïque.

Le Premier Surveillant

Le soleil émetteur actif de la Lumière
Est un des attributs de sa fonction première.

Pour construire le Temple il amène les pierres,
Roches inachevées qu'il lui faudra parfaire,
Et tous les matériaux qui seront nécessaires,
Matière élaborée, pouvant à son image
Intégrer l'édifice et compléter l'ouvrage.
En étant de la Force un des vivants symboles,
Réglementant de droit la prise de parole,

Sa charge d'instructeur des frères compagnons
Unifie et rallie ensemble les maçons,
Rôle qu'il effectue afin que les maillons
Viennent parfaitement s'insérer à leur place,
Et qu'harmonieusement ils y comblent l'espace,
Intégrant le chantier de justice et de paix,
Le but de tous maçons, de tous temps, de tous lieux,
Le Temple universel, en n'oubliant jamais
Aucune des valeurs qui les relient entre eux,
Ni celles générées par son éclairement,
Telle est l'œuvre accomplie d'un Premier Surveillant.

Le Rituel

Le Symbole en action, de midi à minuit,
Éveille de l'esprit le geste qui conduit,

Répond à un besoin de régularité,
Impliquant le respect de la continuité
Transmise et enseignée par toute tradition.
Une harmonie, un ordre en son observation,
Exalte par des mots un texte originel
Libérant d'un vécu l'âme d'un Rituel.

Le Sablier

Le temps, qui peu à peu s'étrangle avec mon corps,
Entame de sa vie son chemin vers sa mort.

Si le ciel et la terre, en lutte se confondent,
Á chaque mouvement, tous les deux se répondent.
Bravant la porte étroite et le cycle épuisé,
Les grains de sable blanc doivent se relever,
Ils doivent avant tout vaincre la gravité,
Et se rejoindre ensemble afin de s'unifier,
Renaître à la Lumière, en haut du Sablier.

Le Sacré

La réintégration du lieu originel
Est le but recherché par tout être mortel

Subtile projection du monde immatériel
Activant du travail le centre intemporel
C'est la sphère céleste et l'espace éclairé
Reflétant du cosmos le Principe incréé
En matérialisant l'essence du Sacré

Le Second Surveillant

La tâche dévolue au second surveillant
Est celle de l'éveil et du discernement.

Son rôle pour la loge est des plus importants
Et c'est un élément moteur de l'avenir,
Car tous les apprentis dont il est responsable
Ont, par son instruction, l'espoir de devenir,
Non seulement maçons, mais en finalité,
Des Maîtres reconnus, parfaits et véritables.

Sous son enseignement et son autorité,
Un initié s'éveille et trace son chemin,
Redescend en lui-même et se retrouve enfin,
Vitriol est son mot, sa formule hermétique,
En silence il rejoint, grâce à son fil à plomb,
Indispensable objet, bijou initiatique,
Le centre de son être et de son moi profond,
Le noyau de son âme où il pourra un jour
Accomplir sur lui-même un intime retour.
N'extraire que le fruit du grain qu'il a planté,
Tel est de son salaire un gage de Beauté.

Le Secret

Le vécu de chacun lors de l'initiation

Est un facteur d'union entre tous les maçons

Sa dynamique intime est incommunicable

Et c'est un ressenti qui n'est pas exprimable

C'est bien plus qu'un serment inviolable et sacré

Rien ne peut révéler ce qu'il faut deviner

Et rien ne peut percer ce qu'il faut pénétrer

Tout est à découvrir et c'est là le Secret

Le Secrétaire

L'officier attentif, fidèle scrutateur,
En sa place à l'Orient, qui, face à l'Orateur,

Suit scrupuleusement toutes les discussions,
En dressant le schéma de la planche tracée,
Conformément au rite et à la tradition,
Résumant l'essentiel des idées énoncées,
Est celui dont la charge est administrative.
Tous les comptes-rendus, toutes les directives
Approuvés ou votés, sont par son écriture,
Inscrits pour devenir planche d'architecture,
Reflet juste et parfait des loges la mémoire,
Et c'est sur ce morceau qu'il grave son histoire.

Le Sel

L'équilibre alchimique entre Soufre et Mercure
Est une création sacrée de la nature,

Sa force cristalline est son rôle essentiel
Elle engendre la vie, et tout être mortel
L'intègre en transmettant la Sagesse du Sel.

Le Serment

Le lien qui consolide ensemble les maçons
Est un lien invisible, est un pacte d'union

Symbolisé surtout par cet acte d'amour
Essentiel et sacré, le premier d'un parcours
Recherché par celui qui engage sa foi.
Mais cette obligation, consentie librement
Entre celui qui prête et celui qui reçoit,
N'est que le premier pas et n'ouvre qu'une voie,
Tracée devant celui qui tiendra ce Serment.

Le Signe de l'Ordre

La main droite étendue à la gauche du cou,
En dessous du menton, en position debout,

Ses quatre doigts unis et du pouce éloignés,
Indiquant de l'équerre un mouvement parfait,
Geste qu'on accomplit en écartant les pieds,
Non sans avoir laissé pendre sur le côté
En repos l'autre bras, sur le corps appliqué,

Donne à chaque serment une autre identité,
Et son exécution est sa continuité,

L'éveil de la conscience en est favorisé,

Ouvre le long chemin qui mène à l'unité,
Régule de l'écoute et la méditation
D'un geste convenu la juste perfection,
Relit de l'Univers, le corps, l'âme et l'esprit
En le signe de l'ordre au grade d'apprenti.

Le Silence

Les mots que l'on retient à l'intérieur de soi
Expriment beaucoup plus que ceux que l'on reçoit.

S'il existe savoir qu'on nomme Vérité
Il doit s'épanouir dans la sérénité.
L'écoute est avant tout le premier escalier
Et la méditation érige son palier.
Ne parler qu'à son âme, éveiller sa conscience,
C'est ouvrir son esprit à la magique alliance
Entre la voie du cœur et celle du Silence.

Le Soleil

Le moment où il est le plus haut dans le ciel
Est le commencement des travaux maçonniques.

Symbole de chaleur, de ce cœur essentiel
Ouvrant sur l'Univers ses rayons bénéfiques,
Le Génie immédiat de sa source intuitive
Engendre son action active et positive.
Influençant l'esprit, favorisant l'éveil,
La Lumière reçue éclaire le Soleil.

Le Soufre

Le triangle debout de l'être qui s'éveille,
Élève de l'esprit la force immatérielle

Stimulée par Celui dont l'énergie cosmique
Ouvre sur l'Univers l'équilibre alchimique,
Unifiant le ternaire au principe hermétique,
Favorisant la voie où l'impétrant s'engouffre,
Rendant à son Génie sa forme anatomique
Exprimée par le Sel, le Mercure et le Soufre.

Le Symbole

Langage universel, outil initiatique,
Éveil de la conscience, expression didactique,

S'il est vrai que parfois un cherchant aurait dû
Y découvrir un sens, autre et inattendu,
Malgré tous ses efforts pour vaincre l'apparence,
Bannir les préjugés par la mystique alliance
Offerte à son esprit, la parfaite Parole
L'éclairera toujours en voilant de la science
Encor bien plus le sens révélé du Symbole.

Le Tableau de Loge

Le monde est là, le Cosmos est présent,
Et c'est en cet endroit qu'un regard bienveillant

Trace à même le sol une image sacrée,
Á laquelle se fond une autre transcendée.
Bâtissant dans l'espace un rectangle parfait,
L'ouvrage inachevé du Temple est recréé.
Essence de l'esprit intégrant la matière,
Axe de l'Univers irradié de Lumière,
Un tout, qui est en un le centre du mystère

Dépassant du réel son alchimie première
En reliant entre eux tous les humains sur terre,

L'origine et la forme ainsi manifestées
Ouvrent cette autre voie, qu'un cœur qui s'interroge
Gravit dans la Sagesse avec Force et Beauté,
En unifiant son âme au Tableau de la Loge.

Le Tablier

Le signe distinctif de son engagement
Est pour le néophyte un habit en cuir blanc.

Tout maçon doit en loge en être revêtu,
Á ce symbole fort, pureté et vertu,
Blancheur immaculée, sont ensemble associées.
Le cycle du travail est alors commencé,
Il doit tailler sa pierre en ce vaste chantier
Et, pour de ses éclats pouvoir se protéger,
Recouvrer de son corps l'esprit du Tablier.

Le Temple

Le centre du travail, établit à couvert,
Est le lieu de jonction du ciel avec la terre.

Transcendant cette union de l'homme à l'univers,
Édifice parfait d'où jaillit la Lumière,
Miroir de la Genèse et aboutissement,
Porte d'un autre monde, où l'espace et le temps,
L'un et l'autre sacrés, sont du divin l'exemple,
En reflétant l'Esprit qui règne dans le Temple.

Le Testament

La convention, l'alliance engageant l'impétrant,
Exprime de son âme un pacte transparent.

Tournant d'une existence une page achevée,
En un pont virtuel, il relie d'un passé
Son avenir nouveau à son moi retrouvé,
Terminant d'une vie une autre commencée.
Acte qui clarifie l'éveil de sa pensée,
Méditation vitale à son engagement,
Écrit, qui par le feu scellera son serment,
Naissance d'un chemin qui s'ouvre intimement,
Tel est de son parcours le sens du Testament.

Le Trésorier

La gestion d'une loge est sa fonction première
Et de tous ses métaux, c'est le dépositaire.

Tâche souvent ingrate et pourtant nécessaire,
Responsable de droit des rentrées pécuniaires
Et garant des valeurs de tout son atelier,
S'assurant du paiement constant et régulier
Octroyé par ses soins au trésor principal
Régi par l'obédience où il est affilié,
Il est pour une loge un élément vital,
Et s'il sait l'affranchir de sa vie matérielle,
Rien ne pourra gêner sa survie temporelle.

Le Vénérable Maître

La fonction de sagesse et celle d'équité
Est dévolue en loge au vénérable maître.

Vaisseau intemporel de la fraternité
Et garant des valeurs qu'il se doit de transmettre,
Noyau de l'égrégore et lien qui réunit
Ensemble les maillons du Temple immatériel
Ruisseau d'humilité, écrin de l'harmonie,
Apôtre de Lumière, étoile universelle,
Bâtisseur éclairé de la flamme éternelle,
Le Vénérable Maître en chaire et à l'orient
Est celui qui dirige et guide en même temps

Maîtres et compagnons, apprentis, visiteurs,
Alliant tout à la fois fermeté et douceur,
Il doit, par son action et son comportement,
Toujours être un modèle, un guide et un exemple,
Respecté, apprécié par son rayonnement,
Et de cette fonction illuminer le Temple.

Le Volume de la Loi sacrée

La source de l'autel, le Livre grand ouvert,
Est celui qui contient, dans son double message,

Vérité dans Sagesse, en exaltant l'image
Occulte, qui relie tout être à l'Univers.
L'équerre et le compas y scellent cette alliance,
Unissent leur action avec la quintessence
Manifestée du Verbe, où, de la connaissance,
Est dépassé du moi, le soi, de la conscience.

De cette triple union qui éveille l'esprit,
Émane une autre voie, qui peu à peu s'inscrit

Lentement dans les cœurs, en venant révéler,
Avec ce pur écrin, l'essence dévoilée,

Les champs indéfinis des formes du possible,
Où la transmutation de la Force invisible
Incarnera Celui, qui par lui, l'a créée.

Si les dix-huit versets du Prologue Saint-Jean
Attestent du vrai sens intime du serment,
C'est que ce sens profond réside dans nous-mêmes,
Représente pour nous la Lumière suprême,
Et qu'il transmet l'amour qui viendra éclairer,
Enrichir de la Loi, le Volume Sacré.

Les Agapes

Le temps privilégié qui renforce les liens
Entre chaque convive est d'un usage ancien
Sanctifiant d'une alliance un idéal commun.

Amour et charité, du vécu de chacun,

Génèrent d'un échange une osmose des cœurs.

Autour de ce repas, des frères et des sœurs

Partagent tous ensemble un moment de bonheur.

Et si de cette Cène une lueur s'échappe,

Souvent, elle a surgi de l'esprit des Agapes.

Les Gants Blancs

Les mains d'un franc-maçon se doivent d'être pures
Et son esprit lavé de toutes salissures,
Son état extérieur est une affirmation

Générant d'un travail la sacralisation.
Apprenti ou bien Maître, il portera toujours
Noblement ses décors et lors de son parcours,
Totalement lié avec ce vêtement,
Son âme intégrera le symbole des gants.

Bien qu'il s'en dessaisisse en la Chaîne d'Union,
La peau qui est à nu n'est pas sans protection,
Avec tous les maçons, elle est en communion,
Nourrie par l'égrégore et la circulation
Communiant l'énergie, c'est son revêtement,
Sacré, tout comme l'est, celui de ses Gants Blancs.

Les Grenades

Le fruit bien arrondi de la fécondité,
Et qui renferme en lui une dualité,
Symbolisant d'un tout la multiplicité,

Génère d'un état le non manifesté,
Recèle dans son sein, sous une écorce amère
Nourrie de l'intérieur, le suc qui régénère,
Affranchit l'initié du voile de mystère
D'un parcours graduel d'une voie de Lumière
En une infinité d'épreuves et de stades
Selon le cœur des grains, soudés dans les Grenades.

Liberté, Égalité, Fraternité

La véritable voie que cherche l'homme libre
Inscrit dans sa mémoire une ligne infinie
Bâtissant le tracé d'un fragile équilibre
Entre son idéal et son hégémonie
Rien ne peut l'arrêter dans sa course effrénée
Tout son cheminement et sa quête acharnée
Exalte de son âme un goût de Liberté.

Écartant de ses pas la haine et la colère
Gardien des vraies valeurs de sa diversité
Au plus profond de lui se grave en lettres d'or
L'amour de son prochain son semblable son frère
Il luttera toujours il luttera encor
Tant qu'il ne pourra pas malgré tous ses efforts
Étancher de sa chair sa soif d'Égalité.

Fidèle défenseur de la laïcité
Rien ne l'empêchera de poursuivre sa route
Avec acharnement et quoi qu'il lui en coûte
Toujours il combattra la folie meurtrière
Et l'instinct destructeur de sa dualité
Ravivant le flambeau de justice et de paix
N'ayant pour objectif que la seule Lumière
Irradiant son esprit il pourra à jamais
Toujours dans la Sagesse avec Force et Beauté
Écrire avec son sang le mot Fraternité.

Sagesse, Force et Beauté

Si je devais revivre un peu de mon passé
Afin de mieux comprendre un jour ma destinée
Grande serait la voie qui pourrait me guider
Et paisible le sol de mon chemin tracé
Si ma route accomplie je trouve enfin la paix
Si je puis de mes pas ne plus m'en écarter
Et si de mon trajet je poursuis la percée

Finalement peut-être alors je comprendrais
Où est le devenir de notre humanité
Rien ne m'arrêtera dans ma quête d'espoir
Car la chaîne d'union où je suis reliée
Élargit ma vision et me permet de croire

Encore à cette Étoile au firmament duquel
Trônent devant mes yeux la lune et le soleil

Bien que jamais finie mon œuvre commencée
Éveillera en moi l'autre que je cherchais
Au plus profond du Temple un Esprit règne en maître
Un œil en qui chacun pourrait se reconnaître
Tout n'est qu'ici symbole et tout est exprimé
En ces mots de Sagesse et de Force et Beauté.

Vitriol

Va, retourne à la terre et creuse bien profond,

Il faut chercher en toi le noyau insécable,

Ton essence première et l'Être véritable

Reliant de ton corps l'esprit qui se confond,

Il faut en rectifiant commencer ton envol,

Obtenir de ton moi la pierre inestimable,

La pierre cachée du sage, écrite en V.I.T.R.I.O.L.

Il est déjà Minuit

Il est déjà minuit, l'heure où les ouvriers,
Par la chaîne d'union, se sont tous reliés.
Ils ont mis leur obole au tronc d'hospitalier,
Sous la loi du silence, ils vont se retirer,
Ils ont l'âge d'aller enfin se reposer.

Ils ont de leur travail gagné leur vrai salaire
Et peuvent de leurs gants maintenant se défaire,
Reprendre leurs métaux, ôter leur tablier,
Se retirer en paix, emporter leurs outils,
C'est la fin du travail, en loge d'apprenti.

Ils savent qu'ils devront pourtant continuer
L'œuvre à peine ébauchée à l'intérieur du temple
Et qu'ils devront toujours être un parfait exemple
Du juste franc-maçon, libre et de bonnes mœurs.
La Lumière reçue devra les éclairer,
Elle devra briller tout au fond de leur cœur,
Car ils n'ont que trois ans et leur chemin commence,
Ce seront les derniers à sortir en silence,
Mais ils sont de leurs sœurs et frères l'avenir,
Et d'un parfait maçon un Maître en devenir.

COMPAGNON

L'Étoile Flamboyante

Le Cercle transparent, Pentagramme divin,

Emblème du Génie, nous montre le chemin,
Trace une direction qui vers la Vérité
Ouvre de la Lumière un symbole sacré.
Il est de l'Univers la réciprocité,
Le Feu intemporel qui s'embrase et dévoile
En sa lettre gravée, le centre de l'Étoile.

Force, Beauté, Sagesse, en son rayonnement,
Livrent de leur éclat tous leurs enseignements.
Amour et harmonie, équilibre du monde,
Mêlent au nombre d'or leur essence profonde,
Baignant dans cette union, un Esprit connaissant
Oriente du travail son aboutissement.
Y déceler la vie, de l'infiniment grand,
Allier sa vision à l'infime élément
N'est qu'une graine enfouie dans l'âme d'un cherchant.
Tout son questionnement, c'est l'étape suivante,
Ébauchée par : « J'ai vu l'Étoile Flamboyante ».

La Génération

L'essence et la substance en se réunifiant
Assure de la vie son renouvellement.

Générer d'une chaîne encor plus de maillons
Et permettre à chacun de creuser son sillon,
Ne jamais relâcher sa quête initiatique
En recréant du Verbe une forme alchimique,
Reproduire, engendrer, mais non à l'identique,
Autre chose de soi et le pérenniser,
Tel est d'un initié la parfaite ambition.
Il lui faudra bien sûr pour la réaliser
Oeuvrer toute sa vie à cette transmission,
N'être que le reflet de sa Génération.

La Géométrie

L'approfondissement de nos mathématiques,
Art de la construction et science initiatique,

Génère de la vie la concrétisation,
Et l'objectivité des investigations
Où doit se révéler la substance première,
Matrice primordiale à partir de laquelle
Émergea l'âme humaine, et par elle et en elle,
Tout être fut conçu. Un esprit de matière
Retournera un jour à sa mère la Terre,
Il trouvera son moi et pour sa symétrie,
En cherchera l'accès par la Géométrie.

La Gnose

La volonté de voir, de comprendre et d'agir,
Amène le cherchant à pouvoir s'accomplir.

Grain de sable perdu dans son immensité,
N'aspirant qu'à connaître une autre Vérité
Où il se rejoindra. Par sa métamorphose,
Son esprit libéré percevra chaque chose,
Et son âme entrera, en elle, par la Gnose.

La Gravitation

La force d'attraction qui régit la matière
Agit comme un aimant qui relie tous les frères.

Générant l'équilibre et l'unification,
Réunissant entre eux chacun de ses maillons,
Á sa fonction vitale, associant son action,
Véhiculant la vie, tout en la libérant,
Il existe une loi, dans notre espace-temps,
Tendant à maintenir un parfait équilibre,
Á séparer entre eux les corps en mouvement,
Tout en les attirant, ou, d'une chute libre,
Intensifier leur masse en les restructurant.
Oeuvrant dans l'univers, cette force en action
Ne peut que s'élever par la Gravitation.

La Lettre G

Le centre de l'Esprit du Cercle lumineux,
Á l'intérieur d'un tout, parfait et harmonieux,

La matière animée, la pensée créatrice,
Essence de tout être et suprême matrice,
Trace au cœur de l'Étoile un symbole sacré
Traduisant du divin, l'image élaborée.
Ravivée par son feu, l'âme régénérée,
En intégrant son sens, devra s'interroger,

Gravir tous les chemins qu'ouvre sa lettre G.

La Pierre Cubique à Pointe

Le vieil homme se meurt et bientôt va renaître,
Accomplir de son œuvre une vision concrète,

Par un vide intérieur qui va remplir sa vie,
Il va pouvoir s'extraire, et rejoindre l'Esprit
En un voyage intime, où sa sublimation
Remplira son présent d'une vraie dimension,
Révélera en lui son essence première,
En sa quête alchimique au centre de sa Pierre,

C'est un palier vital à sa transmutation,
Une étape de plus vers son élévation,
Bâtissant de sa voie, une autre, de Lumière,
Il va sortir du moule et c'est cette ascension
Qui va le recréer, faire de sa matière
Une pierre vivante, un symbole cosmique,
En un miroir conscient de sa forme cubique,

Ainsi son point central, caché à l'intérieur,

Pourra rejoindre en haut, celui, qui, de son cœur
Ouvre de l'Univers toute la profondeur,
Il est de l'Harmonie la parfaite matrice
Nourrissant dans son sein la pensée créatrice,
Tout entière élevée, tout entière rejointe
En son âme exaltée Pierre Cubique à Pointe

Le Compagnon

Les voyages pour toi ne font que commencer
Et ta route infinie ne fait que débuter

Compagnon cette Étoile est là pour te guider
Ouvre tout grand les yeux devant sa lettre G
Mais cherche aussi en toi sa signification
Prends tes nouveaux outils et polis bien ta pierre
Avec l'épi de blé poursuis ta progression
Glorifie ton travail jusqu'à sa perfection
N'oublie pas qu'il te faut encor persévérer
Orienter ton chemin toujours vers la Lumière
Ne diriger tes pas que vers la Vérité

Le Génie

L'expérience et la science, alliées à la vertu,
Emblème d'une Étoile au pouvoir absolu,

Génèrent d'un esprit une force inconnue
En ouvrant d'un chemin une tout autre issue.
Nourri par cette force occulte et infinie,
Imprégné par le feu sacré de l'harmonie
Émerge quelquefois un être de Génie.

Gloire au travail

Gravir d'un long chemin la lente progression,
Lorsque l'on a franchi une autre dimension,
Où par chaque voyage on découvre sa voie,
Illustre, d'une action, la liberté de choix
Réelle et nécessaire, utile du maçon,
En une œuvre polie jusqu'à sa perfection,

Activité choisie, c'est un état d'esprit,
Une intention consciente, un plaisir de la vie,

Toute une manière d'être, un reflet de soi-même,
Réceptacle divin d'un métier que l'on aime,
Accomplit en alliant la Force à la Beauté,
Volonté supérieure et plaisir sanctifié
Au plus profond de l'âme, en ses moindres détails,
Il est de l'harmonie l'œuvre réalisée,
Le résultat sacré de la Gloire au Travail.

Le Niveau

La balance parfaite, en la subtile union
Entre le carrefour de deux points de jonction,

N'est qu'un lieu de départ vers l'Unité première.
Il est l'intersection de ce juste milieu
Véhiculant l'extrait de l'osmose intérieure,
Entre Force et Beauté, qui s'imbrique encor mieux
Au centre de la croix dont il est le noyau
Unifié du principe activé du Niveau.

Le Nombre d'Or

Le rapport harmonieux de toute construction,
Équilibre parfait, divine proportion,

Numérique valeur de la section dorée,
Oeuvrant dans la nature et dans l'art infiltré,
Magique incarnation, est, en mathématiques,
Basé sur la synthèse exacte et symbolique
Reflétant l'univers dans sa forme esthétique.
En reliant l'effet à sa cause directe,

Dynamique d'un tout, le Suprême Architecte,

Orchestre la Beauté, qui, d'un subtil accord,
Recrée son Unité avec le Nombre d'Or.

Le pas de côté

Le Feu qui brûle en lui désormais l'encourage
Et le pousse à partir vers de nouveaux rivages

Pour suivre son Étoile, et dans sa direction
Accomplir de sa marche une vraie progression.
S'il veut s'améliorer, il doit, par ses voyages,

Découvrir de son monde une autre dimension
Et répondre à l'appel d'un chemin de Lumière,

Celui qui abolit des hommes les frontières,
Ouvre de l'Univers Amour et Vérité,
Témoigne d'une quête, avant tout intérieure,
Éclairant le retour de son Pas de Côté.

Schibboleth

S'il faut que dans la terre un grain de blé semé

Creuse toujours plus loin afin de mieux germer,

Homme ! tout comme lui, il faut te libérer,

Il te faut, pour renaître et te régénérer,

Bonifier ton regard d'une autre vérité,

Briguer de ton combat un peu d'éternité

Où ta résurrection va te multiplier,

La graine silencieuse est prête à s'extirper,

Et va vers la Lumière en engendrant tes fils,

Ton mystère est l'ancien mystère d'Éleusis,

Héritier d'une vie, que ta mort a créée.

MAITRE

Hiram

Homme juste et intègre, architecte du temple,
Il est, pour tout maçon, le plus parfait exemple
Reflétant la Sagesse en ranimant la flamme
Avec Force et Beauté, pour renaître en notre âme
Magnifiée par la mort de notre Maître Hiram.

Impressions d'élévation

Une tête de mort me nargue fixement
Je suis seule et assise en plein isolement
Un morceau de pain sec sur la table est posé
Dans ce cabinet noir où je dois méditer

La bougie qui m'éclaire est ma seule Lumière
Le mercure et le soufre et le sel qui m'entourent
Esquissent le schéma de ma vie tout entière
Toutes ces inscriptions qu'il faut que je parcoure
Parlent à mon esprit le langage du cœur
Je suis et j'ai été et bientôt je vais être
Amenée dans le Temple où mes frères et sœurs
Exalteront mes pas sur le chemin des Maîtres

On me prend, me saisit, et c'est à reculons
Que je franchis le seuil de l'enceinte sacrée
Mon tablier est blanc et mes mains non souillées
Du crime qu'ont commis les mauvais compagnons
Mais j'accuse les coups par trois fois sur mon corps
Et de ce noir linceul qui étouffe mon âme
Je ressors purifiée du royaume des morts
Prête à bâtir le Temple inachevé d'Hiram.

L'Acacia

Le rameau de la vie, le rameau de l'espoir,

Annonciateur de l'arbre et gage d'espérance,
C'est celui qui se trouve au fond de notre errance,
Au milieu de notre âme et de notre vouloir,
C'est le bois immortel de l'Arche de l'Alliance,
Il prit source en la mort, en elle il déploya
Au milieu du cercueil, ses branches d'Acacia.

L'Orient Éternel

L'initié qui détient la clef de l'Occident

Ouvre de son chemin son aboutissement,
Réintègre vivant l'Unité principielle
Incarnant de son moi sa forme originelle.
Enrichie d'un maillon, la chaîne intemporelle
Nourrira sa substance en générant l'essence
Transmise et recréée de sa pleine conscience.

Étoile et vraie Lumière, il illumine encore,
Toujours de sa pensée, le cœur de l'égrégore.
Éclairant de ses pas rectitude et justesse,
Reflet de son parcours, le Feu de la Sagesse
N'entrouvre qu'une porte où son esprit progresse.
En reliant son âme au centre universel,
Le Verbe se fait chair à l'Orient Éternel.

La Chambre du Milieu

Le Centre de l'Humain, symbole d'Unité,
Axé vers la Lumière et vers la Vérité,

Cœur de l'Esprit de Vie sous la Voûte Étoilée,
Honore et perpétue la mémoire du Maître
Assassinée pour vivre et pour réapparaître
Mélangée à celui que tu croyais connaître.
Bien sûr, tu vas devoir encor plus travailler,
Reconstruire en toi-même un Temple immaculé,
Extraire de ta pierre une autre à retailler.

De dos tu traversas l'Étoile Flamboyante,
Une vision d'Horreur, de mort et d'épouvante,

Matrice de celui que tu vas incarner,
Imprégna dans ton âme un corps tout décharné,
L'homme que tu n'es plus prend un nouveau départ,
Il te faut sans regret enterrer le vieillard,
Exalter de celui qui a gravi ce lieu
Une autre dimension en Chambre du Milieu.

La Planche à tracer

La voie de transmission est l'acte de passage
Accompli par Celui qui grave le message.

Paraphant de Sa Main le Verbe transcendé,
La Lumière l'écrit en langage sacré,
Arcane qui détient les clefs de l'alphabet,
Nécessaire attribut de tout maître maçon,
C'est, d'un rectangle long, la représentation
Harmonieuse du ciel où la terre se fond
En deux carrés égaux, qui de la fondation

Allie à son schéma, la vérification.

Toute intention d'idée doit, dans sa conception,
Réaliser les plans qui serviront d'exemple
Á tous les ouvriers pour construire le Temple.
Cet art de la mémoire est l'empreinte laissée,
Exprimée du Ternaire influant la pensée,
Révélée du Principe en la Planche à tracer.

La Truelle

Le lien qui scelle entre eux les pierres du chantier,
Affine l'édifice, unit les ouvriers,

Trace parfaitement le ciment essentiel
Reliant les maçons au Temple immatériel,
Unifie par l'alliance et la fraternité
Ensemble les maillons, dont la diversité
L'étaye de Sagesse avec Force et Beauté,
Le lien qui concrétise une chaîne éternelle
Est celui de l'Amour lissé par la Truelle.

Le Cercle

Le symbole parfait de la totalité
Exprime l'Harmonie de l'Être révélé.

C'est l'extension d'un point, la multiplicité
Essentielle d'un centre où règne l'Unité.
Retrouver dans son cœur son moi réunifié,
C'est la quête sans fin de tout Maître initié,
Le but de son chemin, qui, du Cercle tracé,
Exalte du Compas le Principe incréé.

Le Compas

La pensée créatrice, enclin de Vérité,
Élève de l'Esprit, un Cercle illimité.

C'est vers cet idéal que le cherchant pourra
Ouvrir à l'infini l'espace de ses bras,
Moduler de sa vie une Force en action,
Parfaire son regard d'une autre perception,
Afin que son Génie puisse guider ses pas
Selon l'écartement des branches du Compas.

Le Débir

La présence de Dieu à l'intérieur de soi
Est le milieu du Cercle au centre de la Croix,

Dans ce cube parfait, où le Trône divin
Est la source de vie du Temple de l'humain,
Beauté de l'harmonie, du Zénith au Nadir,
Il est le point d'amour, le cœur du Saint des Saints
Reliant la matière à l'Esprit du Débir.

Le Maître

La parole perdue de notre Maître Hiram

Est à jamais gravée tout au fond de ton âme

Mais si tu as quitté ton écorce charnelle

Alchimie du retour à la vie éternelle

Il te faut maintenant retrouver en toi-même

Ton être véritable et l'essence suprême

Réincarnée en toi pour conduire tes pas

Entre tes deux outils : l'Équerre et le Compas.

... **et plus**

Emmanuel

Éveiller dans son cœur l'esprit de sa conscience,
Mener le vrai combat du bien contre le mal,
Mourir, afin de vivre, et par la connaissance
Avoir réintégré son état primordial,
Naître de l'Esprit saint pour pouvoir avant tout
Unifier les humains au nom de l'Éternel
Et témoigner que Dieu est avec et pour nous
Le plus humble de tous, c'est être Emmanuel.

Jésus

Je dois me réfugier au fond de ce miroir

Et reconnaître en moi ce que je dois y voir

Son message me dit qu'il faudrait que j'obtienne

Une autre réflexion qui doit être la mienne

Si je veux que de Lui mon âme se souvienne.

L'Abeille

Le pollen de la vie, émané du soleil,

Affûte de l'esprit la recherche du miel,
Breuvage de Sagesse et de fécondité,
Exaltant du travail toute la royauté,
Il est de l'harmonie la Vibration suprême,
La purification que l'on trouve en soi-même,
La force créatrice et l'être qui s'éveille
En l'or spirituel du nectar de l'Abeille.

L'Aigle

L'éveil spirituel est une élévation

Aboutie de l'esprit c'est la contemplation

Incarnée du Principe et la Force invincible

Gravissant des sommets l'espace inaccessible

La distance infinie émanée de la Règle

Entrouvrant de la Croix la Majesté de L'Aigle.

L'arbre des Sephiroth

Le champ de la conscience est une interaction

Amplifiant du divin la Force en expansion,
Réalité perçue, c'est l'Éclair fulgurant,
Beauté de l'étincelle exprimée du Big Bang.
Reflet de l'Énergie primordiale incréée,
Elle est la voie d'accès du Principe incarné.

D'un système complexe aux traits complémentaires,
Équilibre inversé du ciel avec la terre,
S'exalte l'unité de l'Être de Lumière.

Sphère où l'émanation du Verbe originel
Exprime en sa substance un Amour éternel,
Pouvoir manifesté que la Sagesse éclaire,
Humaine progression vers l'absolu mystère,
Infinie du fini, c'est l'Ombre en la Lumière
Recelant de la vie l'élévation suprême,
Où la Lettre sacrée, dans sa forme première,
Tout en se contenant, s'inclut en elle-même,
Harmonise l'esprit de l'âme en la matière.

L'Arche Royale

Lorsque nous serons trois, unis, affectueux,
Alors le mot sacré, celui de notre Dieu,

Résonnera en toi, car ce précieux trésor
Comblera tout ton cœur et par ses lettres d'or
Honorera Celui, qui est ce qu'il était,
En étant ce qu'il est, qui fut, et qui sera,

Redescends en toi-même, en ton havre de paix,
Ouvre le caveau saint, là, tu y trouveras,
Y puisera l'objet, le divin parchemin
Aux ténèbres repris, au fond du souterrain,
Là, tu reconnaîtras la Lumière initiale
Exaltant de ton âme, en toi, l'Arche Royale.

L'Athanor

Le chaudron mystérieux, le four philosophique,

Alambic vase clos, où le feu alchimique
Transmute la matière intérieure de l'être,
Humaine évolution qui fera apparaître,
Après sa mutation, le vil métal en or,
Nécessaire creuset, c'est la cosmique épure,
Où du soufre et du sel, séparés du mercure,
Renaîtra l'initié au sein de l'Athanor

L'Échelle

L'avancée de l'Esprit vers son élévation

Est un moyen d'atteindre une autre dimension
C'est de la perfection la voie ascensionnelle
Héritage promis de la vie éternelle
Elle est des trois vertus la lente progression
La Charité la Foi l'Espérance incarnées
L'escalier de Lumière en l'être enraciné
Elle est l'âme elle-même exprimée par l'Échelle.

L'Heptagone

Le chemin progressif, la marche circulaire,

Harmonie d'un état qui, entre ciel et terre,

Est du Cercle au Carré, la jonction nécessaire

Pour achever d'un cycle une voie de Lumière,

Transmet d'un contour blanc, une ligne tracée

Affirmant sur chaque angle une lettre initiale,

Garantissant du vice en sa face inversée,

Ouvre de sept sommets la Vertu qui façonne

Notre Livre de vie à l'étape cruciale,

En un point qui du centre a créé l'Heptagone.

L'Espérance

La promesse d'un bien, l'ultime récompense,

Espérée par tous ceux qui croient en l'existence

Suprême d'un Esprit, est l'élément moteur

Prolongeant de l'action son effet rédempteur

En l'intime croyance en un monde meilleur.

Révélation innée, c'est le prolongement

Avéré d'un état, c'est un élan du cœur

N'incarnant qu'un degré du long cheminement

Célébrant d'une union une alchimique Alliance

Entre la Charité, la Foi et l'Espérance.

L'Épée

Le symbole guerrier du combat intérieur

Est de la Vérité la conscience du cœur,
Perpétrant de la Croix la forme émancipée,
Elle incarne l'éclair, la Force et la Vigueur,
En une action de paix glorifiée par l'Épée.

L'Œil

Le regard justicier régnant sur le mystère

Où la vie en la mort en lui se régénère

Est de la Connaissance énergie de matière

Imposant l'équilibre en atteignant le seuil

Le lieu où dans le cœur se manifeste l'Œil.

L'Urne

Le cœur de notre Maître est ici embaumé,

Une épée qui le perce en garde le secret,
Redirigeant l'esprit, la Pierre sublimée
N'est qu'une voie d'accès vers l'immortalité,
Elle n'est qu'âme matière en une urne enfermée.

La Balance

L'emblème d'équilibre et d'exacte mesure,
Attribut de Thémis, symbole de droiture,

Basculant de tout être un choix de destinée,
Alternant des humains la voie inopinée,
Le symbole impartial de l'objectivité,
Accordant à chacun justice et équité,
Notifiant d'un esprit une juste sentence,
C'est la Force en action, l'âme de la conscience,
Élevant de son poids le bras de la Balance.

La Caverne

La Cavité du cœur, centre de la conscience,
Athanor nécessaire à toute renaissance,

C'est l'œuf de l'univers, les cycles à venir
Accentuant de l'être un autre devenir,
Victorieuse alchimie de toute initiation
Et symbole éclairé de toute construction,
Refuge où la Lumière, ombre de l'illusion,
Neutralise le poids des ténèbres internes
Et délivre notre âme au fond de sa Caverne.

La Cène

Le repas rituel des chevaliers anciens,
Alliance universelle, où le pain et le vin,

Célèbrent d'une union un symbole chrétien,
Est un lien fraternel consolidant la chaîne
Nouée en Lacs d'Amour de charité humaine
En un cercle vivant des fragments de la Cène.

La Charité

L'ouverture du cœur, le pardon des offenses
Animé par un pur esprit de Bienveillance,

C'est de son moi profond la juste récompense
Héritée par la paix de sa propre conscience.
Aimer et protéger, secourir son prochain,
Réfréner son ego en lui tendant la main,
Insuffle d'un chemin une mystique alliance
Ternaire des vertus qui vers la Vérité
Élèvera notre âme avec la Charité.

La Clé d'Arc

Le dernier élément de la pierre angulaire,
Affûtant l'édifice en le stabilisant,

C'est celui qui couronne, en forme circulaire,
La partie supérieure en la solidifiant,
Et s'il est incompris et toujours rejeté,

De sa destination, il va se révéler,

Afin que de l'ouvrage il puisse terminer,
Réunir au sommet les pierres ajustées,
Construction qui sans lui ne peut être achevée.

La Clef D'Or

La marque de confiance et de fidélité

Accordée à celui qui vers la perfection

Conduit de son chemin toute la construction

Lui permettant l'accès à un coffre secret

Enfermant tous les plans du Temple inachevé

Fusion d'un pur métal c'est la transmutation

De l'âme d'un cherchant où repose un trésor

Ouvrant de l'univers le cœur de l'athanor

Réceptacle divin transmis par la Clef d'Or.

La Croix

La rédemption de l'Homme est un cercle infini,

Allégorie d'un cœur où règne l'Harmonie,

C'est la totalité de l'espace et du temps

Réunie en un point, parfait du croisement,

Où d'une rose éclose émane une autre voie

Insufflée par un Dieu et le rayonnement

X de l'Esprit divin au centre de La Croix.

La Foi

L'intime conviction, croyance et loyauté,
Absolue et totale en une Vérité

Fidèlement ancrée à l'intérieur de soi,
Ouvre à l'âme la voie de l'immortalité
Insufflée par l'Esprit qui lui donne la Foi.

La Jérusalem Céleste

Le Cercle rayonnant du Carré de Lumière
Avive dans son sein du Verbe la matière

Jésus notre sauveur est descendu sur terre
Et des pierres du Temple a posé la première
Reconnaissons en lui le fils de notre Père
Unissons-nous à lui dans la sainte prière
Seul entreront tous ceux dont le nom est inscrit
Authentifié par Dieu dans le Livre de Vie
Leurs âmes rejoindront alors le Saint-Esprit
Et réintégreront enfin le Paradis
Maison que l'Éternel a pour eux rétablie

Cité étincelante où notre Seigneur Dieu
En sa Gloire immortelle est présent en tous lieux
La perfection finale et la totalité
En un dernier voyage et pour l'éternité
Son éclat transparent est de la Vérité
Témoin que l'Éternel ici se manifeste
En la Jérusalem d'auprès de Dieu Céleste.

La Lampe

La flamme de l'Esprit animant la matière

Atteste de l'espoir en un monde meilleur

La providence veille et bientôt la Lumière

Apparaîtra pour ceux qui l'auront dans le cœur

Malgré le voile obscur que sa lueur estampe

Percevoir son reflet c'est en être l'auteur

Et c'est ouvrir son âme à celle de la Lampe.

La légende d'Hiram

Quand le roi Salomon un jour voulut bâtir,
Élever dans la ville un temple à l'Éternel,
Il demanda son aide à Hiram, roi de Tyr,
Qui envoya le bois et tout le matériel,
Et les pierres taillées, en terre d'Israël.
Mais jaloux du projet, et voulant s'investir
Encor bien davantage à ce Temple glorieux,
De tous ses ouvriers, il prit le plus fameux,
Fils de la veuve d'Usl, venu de Nephtali,
Et le recommanda pour ériger l'ouvrage.
Cet homme si habile, à l'œuvre se rallie,
Et fut par Salomon, Sage parmi les sages,
Nommé grand architecte, inspecteur général
De tous les ouvriers, rompus à ce travail.
Ils étaient des milliers, de mérite inégal,
Mais pour Hiram Abif, ce n'était qu'un détail,
Qu'il résolut bien vite en donnant à chacun
Le grade d'apprenti, de compagnon, de maître,
Et afin de pouvoir aussi les reconnaître,
Et d'être sûr ainsi de n'en spolier aucun,
Il fit pour chaque classe un signe différent,
Un mot très mystérieux et un attouchement.
Au bout de six journées d'un travail endurant,
Ils percevaient leur dû, chacun, séparément,

Á l'extérieur du temple, apprentis, compagnons,
Chacun sur sa colonne et selon son mérite,
Était rétribué conformément au rite,
Par les deux surveillants adjoints par Salomon,
Alors qu'inversement, les maîtres quant à eux
Recevaient leur salaire en chambre du milieu.
Tous ces arrangements qui furent apportés
Limitèrent la triche, évitèrent l'erreur,
Il ne fut plus possible aux trois usurpateurs
D'avoir un revenu qu'ils n'eussent mérité.
Mais ces trois scélérats, jaloux et mécontents,
Ourdirent le dessein, infâme et monstrueux,
De surprendre le Maître en chambre du milieu,
Et de lui demander, mot, signe, attouchement,
Du grade immérité qu'ils voulaient posséder.
La semaine finie, dès que furent partis,
Ouvriers compagnons, maîtres et apprentis,
Ils vinrent lâchement aux portes se poster,
Le premier à l'orient, le second au midi,
Et le troisième enfin, porte de l'occident.
Ils savaient que le Maître avait pris pour usage
De vérifier tout seul l'avancée de l'ouvrage,
Et qu'ils pourraient ainsi lui tendre un guet-apens.
Quand ce grand homme enfin, finissant sa tournée,
En porte du midi voulut se retirer,
Sterkin était debout, devant, qui l'attendait.

Il demanda le mot, signe et attouchement,
Ce qu'Hiram refusa, mais, lui promit pourtant,
Qu'il le lui donnerait, quand serait terminé
L'instruction de son grade et que par son labeur,
Il pourra obtenir ce qu'il a mérité.
L'ignorant, comprenant qu'il n'obtiendrait jamais
De la bouche du Maître aucun des mots secrets,
Se saisit d'un outil, et comble de l'horreur,
D'une règle frappa Hiram avec fureur,
Mais revenu à lui, le Maître chancelant,
Parvint à regagner la porte d'occident,
Il y vit Obterfut, qui lui redemanda,
D'abord avec douceur, mot, signe, attouchement,
Mais d'un nouveau refus, l'ambitieux s'excéda,
Puis ivre de colère, il poussa son audace,
Jusqu'à vociférer les plus grandes menaces,
Qui restèrent bien sûr de nouveau sans effet,
Alors, pour accomplir son infâme forfait,
Il saisit un levier et frappa lâchement
Celui qui refusait de trahir son serment,
Mais bien que moribond et bien que vacillant,
Par un immense effort, énorme et surhumain
Le Maître rejoignit la porte de l'Orient.
Il y trouva Hoben, le troisième assassin,
Qui lui redemanda, mot, signe, attouchement,
Tout en le menaçant de le faire périr

Si sa demande enfin ne pouvait aboutir.
Hiram lui expliqua qu'il les lui donnerait
Quand, grâce à son travail, il l'aura mérité,
Et qu'alors ce serait vraiment très volontiers
Qu'il l'instruirait lui-même au grade convoité.
Mais pour ce fanatique, inapte à réfléchir,
Cette réponse-là, ne pouvait l'assouvir.
Il saisit un maillet et d'un coup sur la tête,
Il terrassa celui qui préféra mourir
Plutôt que de trahir la parole secrète.
Leur forfait accompli, les trois vils scélérats,
Attendirent la nuit pour transporter le corps,
Et sur le mont Hébron, tout près d'un acacia,
Ils trouvèrent un lieu pour enterrer le mort.
Mais au bout de sept jours d'absence injustifiée,
Salomon envoya neuf Maîtres le chercher,
Il cessa les travaux, suspendit les paiements
Tant que le Maître Hiram ne serait retrouvé.
Après avoir cherché partout, parfaitement
Et dans tous les recoins du temple déserté,
Les neufs Maîtres par trois, chacun de leur côté,
Partirent rechercher le Maître disparu.
Quand le neuvième jour, harassé et fourbu,
Enfin au mont Hébron, l'un d'eux se reposa,
Il sentit que le sol s'éboulait sous ses pas,
Qu'il était remué et qu'il se pourrait bien,

Que du Maître enterré, il en soit le gardien.
Sans aller plus avant, les Maîtres vagabonds
Résolurent d'instruire avant tout Salomon,
Mais afin de pouvoir reconnaître le lieu
Un rameau d'acacia fut planté, au milieu.
Salomon décida, que si l'on retrouvait
Le corps du Maître Hiram, le nouveau mot secret,
Serait dorénavant le premier prononcé.
Il les incita donc à retourner là-bas
Et à creuser la terre à l'endroit indiqué.
D'une vision d'horreur, le sol se déroba
Pour laisser apparaître un corps enseveli.
Par le mot de Boaz, le premier doigt saisi,
Par celui de Jakin, le deuxième entrepris,
Ils ne purent sortir le Maître de la terre.
Mais un autre homme enfin le prit par le poignet,
Et sentant que la chair, des os se séparait,
Par le mot Mohabon mit fin à son calvaire.
Ce mot dorénavant, sera celui des Maîtres,
Qui pourront, grâce à lui, entre eux se reconnaître,
Et sur leur tablier, M.B. sera gravé.
Les gants qu'ils porteront seront blancs, pour prouver
Qu'ils n'ont jamais été mêlés au crime infâme,
Pour qu'ils puissent un jour imprégner dans leur âme
La Sagesse, la Force et la Beauté d'Hiram.

Hiram, la suite

Après la mort d'Hiram, n'ayant pu découvrir
Les trois traîtres félons qui l'avaient fait mourir,
Salomon convoqua en chambre du milieu
Des Maîtres reconnus, pour parler avec eux,
Avoir leurs sentiments, leurs avis éclairés,
Et trouver les moyens qu'il fallait employer
Afin de les punir et surtout de venger
L'essence de l'Esprit qu'ils ont assassiné.
Tandis qu'ils étaient tous en pleine discussion,
Ils furent dérangés dans leur conversation.
Un capitaine entra et à tous annonça
Qu'un étranger nommé Pérignan était là
Et qu'il voulait parler seul à seul à son roi.
Salomon acquiesça et c'est dans un endroit
Secret et retiré que l'homme l'informa
Qu'il avait rencontré du Maître l'assassin,
Et que près d'un buisson, alors qu'il travaillait
Au pied d'une caverne, il entendit son chien
Qui, en aboyant fort, avait dû réveiller
Un homme effarouché, hirsute et affamé.
Cet homme, en se voyant découvert et perdu,
Se jeta à ses pieds, puis, lui a avoué
Le crime qu'il commit par le sang répandu
De l'architecte Hiram, par l'acte monstrueux,

La folie meurtrière, inique et destructrice
Qu'il avait accompli avec ses deux complices.
Mais, il le supplia, malgré son crime affreux,
De l'aider à survivre et apaiser la faim
Qui dévorait son ventre. Il lui baisa les mains
Pour éprouver son cœur, pour pouvoir l'attendrir,
Tout en lui demandant de ne pas le trahir
Et de tous ses aveux en garder le secret.

    –   Qu'as-tu donc fait alors ? Demanda Salomon.
    –   Je l'ai nourri mon roi pendant neuf jours entiers.
Mais, c'est que j'ignorais l'édit qui ordonnait
De dénoncer ce traître et déclarer son nom.
C'est à Jérusalem, quand j'ai voulu chercher
Des vivres pour cet homme et pour moi-même aussi,
Que j'ai su que le traître était bien celui-ci.
Je viens donc vous livrer l'endroit où il se cache.
    –   Instruis-moi tout d'abord sur le nom de ce lâche.
    –   Il prétend, ô mon roi s'appeler Abiram.
    –   Et connais-tu les noms des deux autres infâmes
Complices de ce noir et monstrueux trio ?
    –   Il m'a nommé Romvel et aussi Gravelot.
    –   Pourrais-tu Pérignan conduire à cet endroit
Ceux que j'aurai nommés pour partir avec toi ?
    –   J'en serais honoré, et très fier ô mon Roi.
    –   Bien, on va te trouver un lieu pour reposer

Et l'on va t'apporter de quoi te restaurer.
Á demain Pérignan.

           Salomon repartit
Rentra dans le conseil et tous les avertit
Que l'heure de vengeance avait enfin sonné
Et qu'ils pourraient bientôt le traître capturer,
Que dès demain matin Pérignan conduirait
Les neufs Maîtres choisis qui seraient désignés.
Il mit leur nom dans l'urne, et c'est les neuf premiers
Qui furent les élus pour quérir l'assassin.
Salomon exigea et recommanda bien
Surtout de l'amener sain et sauf dans le Temple,
Car il voulait en faire un terrifiant exemple,
Car de ce crime affreux il doit être jugé,
Car tous, même un coupable a droit à un procès.
C'est au lever du jour, guidés par Pérignan,
Que les Maîtres unis partirent rechercher
Le mauvais compagnon, infâme et répugnant
Complice et assassin du Maître Adonhiram.
Puis, arrivé non loin du lieu où Abiram,
Le monstre détestable était dissimulé,
Á la pointe du jour, le lendemain matin,
Pérignan indiqua aux Maîtres le chemin
Pour trouver la caverne où s'était réfugié
L'ignoble meurtrier qu'ils devaient arrêter.

Il leur dit qu'elle était du côté de la mer,
Qu'elle se situait à l'orient de Joppé.
Le premier arrivé à l'endroit fut Joubert,
Car avec Pérignan qui lui servait de guide,
De tous ses compagnons, il fut le plus rapide.
Et l'antre, où reposait le monstre recherché,
D'une faible lueur était tout éclairé,
Abiram y dormait, un poignard à ses pieds.
Il se croyait ici bien en sécurité,
Car il avait pris soin, pour mieux se protéger,
D'apprivoiser un ours, un tigre et un lion.
Joubert prit son épée et sans hésitation,
Sur-le-champ trucida chacune de ces bêtes.
Puis, il entra dans l'antre et saisit le poignard,
Qu'il découvrit aux pieds de l'ignoble fuyard,
Et lui porta céans trois grands coups sur la tête.
Nekar, fut d'Abiram le seul et dernier mot
Qu'il eut le temps de dire, il mourut aussitôt.
Joubert était brisé par l'œuvre surhumaine
Qu'il avait accomplie. Il vit une fontaine
Et s'y désaltéra. Harassé et fourbu,
D'un coup, il s'endormit. Quand les Maîtres élus
Arrivèrent enfin, leur bruit le réveilla.
Ils crièrent Nekam, car le sang répandu
Du cadavre tout chaud qui gisait encor là,
A été la vision qui les a convaincus
Que la vengeance enfin était bien accomplie.

Devant ses compagnons, Joubert s'enorgueillit
D'avoir vengé tout seul la mort d'Adonhiram.
Il narra son récit, puis saisi Abiram
Pour lui couper la tête et séparer son corps
En quatre affreux lambeaux qu'il fit brûler dehors.
Mais, quand, de sa main droite exhibant un poignard,
Et de la gauche enfin, la tête ensanglantée,
Il dit : « Nekar! Nekam! » Sur lui tous les regards
Des Maîtres envieux se sont alors tournés,
Jaloux de n'avoir pu eux aussi se venger.
Puis, vers Jérusalem, ils prirent le chemin,
Et dès le soir venu, y entrèrent enfin.
Le roi, apercevant une tête à la main
Joubert qui revenait de son expédition,
Fut furieux contre lui. Il s'estima spolié
D'une juste vengeance et de la punition
Qu'il voulait exemplaire à ce traître infliger.

    –   Je t'ordonne Stokin d'aller tuer Joubert !
    –   Mais pourquoi, ô mon roi, ne t'a-t-il pas servi ?
Le meurtrier d'Hiram grâce à lui est puni !
    –   Non, pas complètement, car il n'a pas souffert,
Je le voulais vivant, il m'a désobéi.
    –   Je t'implore ô mon roi d'ignorer ta colère,

Á mes supplications se joignent tous mes frères,
Joubert n'a pas voulu t'offenser, ô mon roi,
Par un excès de zèle, il a enfreint la loi,
Mais son esprit est pur et son cœur vertueux.
    –   Puisqu'il en est ainsi, je serai généreux
J'honorerai Joubert, mais avant tout je veux
Que la tête du traître enfin serve d'exemple
Et qu'au bout d'une perche, elle soit exposée,
Placée sur un pinacle à l'orient du grand Temple,
Et qu'elle y reste là, jusqu'à ce qu'on arrête
Les autres assassins. Je le dis, le décrète !

Il en fut fait ainsi. Le roi a honoré
Joubert de sa confiance et les huit autres Maîtres
Qui ont contribué à se saisir du traître
Ont été avec lui ensemble décorés
Et promus de ce fait au titre conféré
De Maître élu des neuf.

                Quand, au bout de six mois,
Salomon, qui cherchait sans cesse les coupables,
Avait presque perdu tout espoir raisonnable
De pouvoir découvrir précisément l'endroit
Où les deux compagnons s'étaient dissimulés,
L'un de ses intendants, voulut le rencontrer.

    – Salomon ô mon roi, je viens te rapporter
Le lieu où tu pourras les traîtres capturer.
    – Bengabel je t'écoute, où sont-ils retranchés ?
    – Dans le pays de Geth, qui t'est mon souverain,
Tributaire et allié. C'est bien dans cet endroit
Que l'on a repéré les autres assassins
Romvel et Gravelot ensemble réfugiés.
    – Bengabel c'est parfait, je suis content de toi !
Tu m'as bien secondé et je vais de ce pas
Écrire au roi de Geth, mon ami Maaca
Afin de le prier d'assister les neuf Maîtres
Que j'aurai mandatés pour se saisir des traîtres.

Il en fut fait ainsi et Salomon arma
Les neuf Maîtres élus, les mêmes qui déjà,
Étaient partis chercher à l'orient de Joppé
L'assassin Abiram. Et, pour les escorter,
Il leur adjoint bientôt en nombre suffisant
Des hommes de son choix parmi les plus vaillants.
Ils se mirent en marche un neuf du mois de juin
Et c'est dix jours plus tard, que le dix-neuf enfin
Ils arrivèrent tous dans le pays Geth.
Joubert, accompagné par les huit autres Maîtres,
De Salomon se fit le fidèle interprète,
Tout en lui remettant en mains propres la lettre.
Maaca, l'ayant lu, en frissonna d'horreur.

Il ordonna céans que l'on cherche au plus vite,
Et plus exactement les ignobles tueurs,
Afin de les livrer aux neuf israélites.

    –   Si ces deux assassins expirent leur forfait
Et que de mes états soient purgés ces deux traîtres,
J'en serais très heureux, content, et satisfait.

Ainsi s'est exprimé le roi devant les Maîtres
Qui partirent ensemble en quête d'Abiram.
Et c'est enfin au bout de neuf journées entières
Que Zeomet trouva avec Elehanam
La cachette et l'abri qui servait de tanière
Aux monstres recherchés. C'est dans cette carrière
Appelée Bendicav qu'ils purent se saisir
Enfin des deux fuyards. Ils leur mirent des chaînes,
Sur lesquelles étaient gravés les lourdes peines
Et les justes tourments qu'ils auraient à subir.
Après s'être rendus auprès de Maaca
Pour prendre sa réponse et pour le saluer,
Ainsi que Salomon les en avait priés,
Les neuf Maîtres élus dirigèrent leurs pas,
Reprirent le chemin, repartirent en groupe
Vers la Jérusalem, escortés de leur troupe.
Et le vingt-neuf juillet, ils entrèrent bientôt
Dans la ville céleste, et devant Salomon

Ils menèrent proscrits Romvel et Gravelot.
Le roi voulu savoir qui d'autre était mêlé
Á cet assassinat, ils jurèrent que non,
Qu'ils n'étaient bien que trois, ensemble rassemblés.

    –   Abiram se trouvait à la porte d'orient,
Gravelot occupait la porte d'occident,
Et moi Romvel, j'étais en porte du midi.
Nous ne sommes que trois complices responsables
Et tous deux devant toi, sommes les seuls coupables.
Le nom que je portais n'était pas celui-ci
Je me nomme Sterkin, Gravelot lui aussi
A modifié le sien et de même Abiram.
        –   Et quel est le vrai nom des assassins d'Hiram ?
        –   Je m'appelle Obterfut, avoua Gravelot,
Hoben était le nom réel d'Abiram
Car sitôt terminé notre ignoble complot,
Pour pouvoir échapper à ta juste colère
Et pouvoir tous les trois, fuir, hors de tes frontières,
Nous avons convenu de changer nos prénoms.
    –   Vous serez donc punis ! Répliqua Salomon.

Et après les avoir fermement sermonnés,
Il ordonna qu'ils soient tous les deux enfermés
Dans le sombre cachot d'une tour appelée
Hezav, afin qu'ils soient, tous deux le lendemain,

Châtiés de leur forfait en étant mis à mort.
Il en fut fait ainsi. Neuf heures du matin
Fut l'heure vengeresse où ils furent liés
Par les pieds aux poteaux, puis on ouvrit leur corps,
Depuis le haut du torse à leurs parties honteuses,
Ce qui les affligea d'une souffrance affreuse
Que justifiait l'horreur de leur crime sanglant.
Les mouches qui rodaient et d'autres animaux,
Sous l'ardeur du soleil, s'abreuvaient de leur sang
Et faisaient de leur chair un immonde délice.
Mais leurs plaintes enfin, émurent leurs bourreaux,
Qui, pris de compassion, stoppèrent leur supplice.
En leur coupant la tête, ils les mirent à mort
Á six heures du soir, puis jetèrent leurs corps
Hors de Jérusalem. Salomon ordonna
Qu'on ôta du pinacle à l'orient de son Temple
La tête qui gisait et puis il décréta,
Pour que de ses sujets elle serve d'exemple,
Qu'elle soit elle aussi, devant tous exposée,
En dehors de la ville, au bout d'un pieu piquée,
Avec celles des deux autres vils meurtriers,
Dans un ordre précis, au bout de trois piliers.
On les plaça ainsi, dans l'ordre justifié
De la porte du Temple où ils s'étaient placés
Pour accomplir leur sombre et ignoble forfait.
En conséquence donc, cet ordre fut choisi :

La tête de Sterkin en porte du midi,
Puis celle d'Obterfut en porte d'occident
Celle d'Hoben enfin à la porte d'orient.
En conséquence donc, Salomon dit ceci :

–   Je veux qu'à mes sujets et à tous les maçons,
Cette vision d'horreur soit un parfait exemple
Du supplice encouru et de la punition
Des traîtres renégats qui ont souillé le Temple
Et que tous sachent bien qu'il n'existe aucun lieu
Qui puisse protéger d'un crime si odieux
Un ouvrier maçon, indigne de bâtir
Le Temple universel qui pourrait devenir
Le mot juste et parfait que tous les Francs-maçons
Seraient dignes un jour d'en prononcer le nom.

Après Hiram

Salomon, rassemblant en chambre du milieu
Les Maîtres écossais pour parler avec eux
Du dessein qu'il avait de préserver au mieux
Dans un endroit caché, un lieu impénétrable,
La Parole sacrée, le Verbe innominable,
Leur fit prêter serment d'en garder le secret.
Dès lors il se créa une union véritable,
Une osmose parfaite en la fraternité,
Que les Maîtres maçons engagèrent entre eux.
La Parole gravée au cœur d'un Piédestal
De la Voûte Sacrée du souterrain royal
Fut le sceau qui scella ce pacte vertueux,
Elle fut le fondement, des pierres la première
Qui ouvrit au maçon son chemin de Lumière.

Ainsi, pendant longtemps, l'endroit fut préservé
De toute hégémonie dans le Temple achevé,
Protégé par le zèle et l'ardeur des maçons,
Il fut mis à l'abri de la profanation.

C'est quatre cent seize ans plus tard, qu'un drame affreux
Mit en péril la paix et l'ordre de ce lieu.

Nabuchodonosor, le roi de Babylone,
Du Temple provoqua l'entière destruction,
Jusqu'à ses fondements et jusqu'à ses colonnes,
Pour ne laisser plus rien, dans sa dévastation,
Pour l'effacer du monde, enfermer sa mémoire
Dans un sol tout meurtri d'une fausse victoire.

Mais c'était négliger le zèle si vaillant
Des parfaits Gabanons et leur empressement
Á rechercher, fouiller, méticuleusement,
Parmi tous les gravats de l'édifice en ruine,
Tout au fond enfoui, le précieux Piédestal,
Celui où fut gravée la Parole divine,
La Parole de Dieu, le Verbe primordial
Révélé à Moïse en le buisson ardent.
Ils réussirent donc, par leur acharnement,
Par leur zèle émérite et leur peine infinie,
Dans leur juste recherche, à le trouver enfin.
Le corps de Galaad, le fils de Sophonie,
Gisait non loin de là. Cet homme valeureux
Sous la Voûte Sacrée en était le gardien.
Cet être généreux, Grand Prêtre vertueux,
Aima encor bien mieux se faire ensevelir
Renoncer à la vie, plutôt que de risquer,
Par un lâche abandon, de faire découvrir
Le fabuleux trésor, à sa garde confié.

Comme autrefois Hiram, bien avant ce Grand-prêtre,
Avait choisi aussi d'accepter de mourir
Plutôt que de trahir le mot secret des Maîtres,
Galaad sacrifia sa vie sans hésiter.

Les Maîtres Gabanons s'affairèrent bien vite,
D'ôter de Galaad, ce grand chef des lévites,
La tiare de sa tête et sa robe de lin,
Les preuves de son rang dont il était vêtu,
Afin que des Gentils, plus rien ne fut connu.
Ils entreprirent donc d'effacer avec soin
La Parole sacrée par un marteau taillant
Et de s'entretenir, toujours et sans arrêt,
De ce mot si précieux, dans le plus grand secret,
Entre eux le vénérer, mais toujours en veillant
Á adorer du sens, l'ineffabilité.

Ce mot sera toujours, pour un parfait maçon,
Conservé à l'abri tout au fond de son âme,
Son efficacité permit à Salomon
De taire les outils lors de la construction
Du Temple inachevé par l'architecte Hiram.

Ce mot sera toujours, pour un parfait maçon,
Gravé à tout jamais au plus profond du cœur
De ceux qui connaîtront sa précieuse valeur,
Ce mot, c'est avant tout la Parole sacrée
Révélée autrefois dans le buisson ardent
Á Moïse ébloui par l'Être transcendant,
Celui que l'on ne peut pas même prononcer,
Celui de l'Éternel et de l'Être incréé.

L'Arche d'Alliance

Le point de connexion du ciel avec la Terre,

Axe du fondement de l'Esprit de Lumière,
Relaye du Cosmos une source première,
Centre de transmission, c'est la jonction directe,
Hors de l'espace-temps où le Grand Architecte
Établit Sa présence en un lieu de matière.

D'un Temple universel, c'est le parfait écrin,

Autre porte céleste où dans le Saint des saints,
La Parole sacrée du Verbe originel,
Livre de son secret le nom de l'Éternel.
Il est le lien profond qui relie les humains
Avec Celui qui est, avec la Transcendance,
Nourri du témoignage exprimant Sa Puissance,
C'est l'instrument, La Voix de toute connaissance
Émanée du divin grâce à l'Arche d'Alliance.

La Matéria Prima

L'entité minérale est, de sa quintessence,
Appelée à renaître en putréfiant l'essence

Murie du cœur d'un germe, et sa granulation
Alchimique intérieure est la transmutation
Totale du Maçon par sa maturation
En une voie royale, où le soufre et le sel
Réunis au mercure en seront purifiés,
Incarneront du moi, le soi de l'initié
Apte à la construction du Temple universel.

Par la terre et le feu, il va rendre son eau,
Régénérer en lui un embryon nouveau,
Il va croître et grandir, pour être un des noyaux
Matrice de la vie que la mort sublima,
Afin d'en exalter sa Matéria Prima.

La Géométrie Sacrée

La science inexpliquée de toute création
A de nombreuses lois qui sont en connexion,

Genèse d'un langage, où la réalité
Est du Verbe l'essence en son infinité,
Où tout dans l'Univers, à tout est relié,
Matrice primordiale, elle est la fluidité,
Elle est du point zéro la parfaite entité
Transcendant de la croix l'Esprit de Vérité,
Rythmant de l'harmonie toutes les vibrations,
Imprégnant de la vie sa force en expansion,
Elle est son unité, sa continuation,

Son éternel secret, et c'est le mouvement
Alimentant la fin par le commencement,
C'est l'énergie divine animant la matière,
Réceptacle du cœur d'où jaillit la Lumière,
Et c'est peut-être enfin de l'Univers la clé,
Exprimée par ces mots Géométrie Sacrée

La Parole recouvrée

Le Maître porte en lui ce qu'il doit rechercher
Au-delà d'un parcours, il en détient la clef.

Par ce trésor verbal, il enrichit son cœur,
Á lui de réfléchir et de s'interroger,
Réagir aux questions de l'interlocuteur
Où pour chaque réponse, une lettre est donnée,
La Parole jamais ne peut se prononcer,
Et celui qui la veut, en lui, doit la trouver.

Ressouder l'unité par la dualité
Est de la Vibration la première matrice,
C'est du Verbe sacré la Force créatrice,
Ouvrant de chaque esprit la parfaite conscience,
Unifier l'Être à soi, c'est la reconnaissance
Véritable de l'autre, où la persévérance
Reconstitue d'un mot Lumière et Vérité,
Émanation d'un Dieu qui en donne l'accès,
En l'âme où la Parole est enfin recouvrée.

La Pyramide

L'élément de jonction du ciel avec la Terre,
Axe d'élévation de toute connaissance,

Point d'Énergie divine, où le cube et la sphère
Y déploient d'un triangle une alchimique alliance,
Révèle de l'esprit toute la quintessence,
Abolit de l'humain l'invisible barrière
Masquant du Feu sacré l'océan primordial,
Incarnant du vivant la matrice liquide
De réintégration au Principe initial
En sa cosmique union avec la Pyramide.

La Quadrature du Cercle

La voie de perfection, symbole d'unité,
Alchimie du Savoir dans son infinité,

Qui développe un point, primordial et central,
Une expression d'un cycle, équilibre final,
Achevant du chef-d'œuvre une forme carrée,
Dont la surface égale un cercle élaboré,
Rétablit de tout être une belle harmonie,
Avec un idéal, où corps âme et esprit
Trouveront en son sein son accomplissement,
Un Principe émané et l'aboutissement,
Réalisé enfin par son élévation,
Entrepris en cherchant sa juste conception.

Du cercle universel de l'homme et de la femme,
Unique et transcendé, surgira un Carré

Construit dans un triangle, à son tour transformé
En sphère toute ronde, où la pierre de l'âme
Rassemblera l'humain vers sa totalité,
Celle de la fusion de sa dualité,
Lui permettant d'atteindre une autre dimension
Entrepris sur la voie de sa recréation.

La Rose

Le secret associé à l'immortalité
Alchimie qui de l'âme exalte l'unité

Révèle de la Croix un Esprit connaissant
Objet dont le symbole est la couleur du sang
Sacralisant l'Amour en une fleur éclose
Émanée du Principe au centre de la Rose.

La Ruche

La société parfaite, unie et laborieuse,
Athanor d'un endroit, où tous les ouvriers

Rassemblent leurs efforts pour mieux le bonifier,
Universel creuset de sa manne glorieuse,
C'est celle qui saura surmonter les embûches,
Harmoniser sa source, afin de purifier
Ensemble le nectar, fruit du miel de La Ruche.

La Source

L'eau qui revivifie, celle qui désaltère,
Abreuve d'un chemin le besoin intérieur,

Soulage et purifie les blessures du cœur,
Oxygène la vie, efface et régénère
Un désert où toute âme est perdue dans sa course,
Redonne enfin l'espoir, cette eau-là est Lumière,
C'est celle qui du voile a franchi la barrière
Et qui, de l'Esprit saint, en exalte la Source.

La Tour

L'axe qui réunit le ciel avec la terre
Achèvement d'un cycle est un lieu circulaire

Transitoire et propice à la méditation
Où ceux qui ont tué l'agent de transmission
Usurpé d'un état l'étape d'un parcours
Répondent de ce crime aveugle dans la Tour.

La Transgression

Le conflit intérieur qui brave l'interdit,
Affranchit de la règle un esprit érudit,

Tentation qui du sage abolit les barrières,
Rythme de son chemin un autre de Lumière,
Agrandit de sa voie la parfaite ascension
Nécessaire et vitale à toute élévation.
Salutaire combat, il est la progression
Générant de tout homme une libération,
Réconciliant son acte avec ses convictions
En ouvrant de son être une autre dimension.
Symbolique limite intime de conscience,
Stimulant d'un cherchant la juste transition,
Il est souvent la clef, qui vers la clairvoyance
Ouvre le bon accès de toute connaissance
Nécessaire de l'âme avec la Transgression.

La Vertu

L'impulsion naturelle, équilibre du bien,
Accroissant l'Énergie qui ordonne le Beau,

Vibrante émanation dont elle est le gardien,
Est celle qui de l'âme a gommé les défauts,
Rétabli l'Harmonie, celle qui a vaincu
Terrassé de tout vice un pernicieux Bandeau
Une Force en faction, en soi, par la Vertu.

La Voûte Sacrée

Le centre de soi-même est un endroit secret
Accessible à celui qui en trouve la clef.

Véritable chemin de purification,
Où dans la mer d'Airain il fait ses ablutions,
Un Grand Élu cherchant la Parole perdue
Trouvera dans son âme une autre confondue
Et du dépôt précieux la manifestation.

Si du monde d'en bas le reflet inversé
A du monde d'en haut la réciprocité,
C'est que du Saint des saints, la voie toute tracée
Rappelle que tout être est du Verbe créé,
Et que de la matière il peut se délivrer
En franchissant le seuil de la Voûte Sacrée.

Le Centre de l'Idée

La source de la vie et de toute existence,
Émanation sacrée de la divine Essence,

Celle d'une entité, dont la Force en action
Entraîne un mouvement de circonvolution,
N'a aucune surface, aucune proportion,
Tout en représentant toutes les dimensions
Rassemblées en un point immobile et parfait,
Est de la Création du Principe l'extrait,

De l'Esprit éternel, il est la Vérité
Et de la Connaissance, il est le seul accès,

La clef du cœur vivant de la Voûte Étoilée,

Il est du Tétragramme un des codes secrets,
Du Verbe primordial la forme transcendée,
Et vers le Saint des saints un chemin décidé,
En une voie royale au Centre de L'Idée.

Le Chevalier Du Soleil

L'Être Suprême est là, et sa Lumière inonde,
Éclaire et vient percer les Ténèbres du monde,

Couvrir son voile épais de sa manne féconde,
Harmoniser en toi une union essentielle
Entre ton corps terrestre et ta vie éternelle.
Va là-bas le rejoindre, et vers la perfection
Accomplis ton chemin et ton obligation,
La loi de la nature est gravée dans ton cœur,
Illumine ta voie qui mène au vrai bonheur,
Elle va se dévoiler, et la planche à tracer
Rendra visible en toi son mystérieux secret.

De son analogie, tu trouveras la clef,
Unifieras ta vie au point d'éternité,

Si par ta réflexion, tu vaincs l'obscurité,
Ouvres de ton parcours un suprême degré,
Le Temple de ton corps, alors, se bâtira,
Et c'est la Vérité, qu'ici, tu trouveras,
Instruit de sa Sagesse et comprenant sa science,
Laisse-la insuffler, en toi, la Connaissance.

Le Chien

La présence d'un guide et son attachement
Est un pas essentiel vers le discernement.

C'est l'intuition, le flair des compagnons anciens,
Habile et vigilant, le fidèle gardien
Illustrant d'Anubis le profil égyptien,
Et c'est surtout celui de l'accomplissement
Nécessaire de l'acte exprimé par le Chien.

Le Cœur

Le centre de l'Humain, siège de la droiture,
Est le soleil de l'âme et de la clairvoyance,

C'est l'œil de l'intuition et de la connaissance,
Où du Verbe sacré se forge l'ossature
Et c'est de la pensée l'édifice intérieur,
Un écrin de sagesse et l'urne du bonheur
Recelant de l'Amour la profondeur du Cœur.

Le Cube

La manifestation d'un espace infini
Est de la quintessence, un tout, qui réunit

Conscience, âme et esprit, en l'accomplissement,
Unifiant du divin, l'homme, infime élément,
Baigné par la Lumière intérieure du cœur,
En un Cube parfait, sous la Croix du Seigneur.

Le Devoir

L'obligation morale imposée au maçon
Est un impératif de toute initiation,

D'un début de chemin, c'est la continuité
Essentielle de ceux, qui vers la Liberté,
Vont poursuivre leur voie de justice et de paix,
Ouvrir de leur destin celle de l'unité
Intérieure de l'âme en un conscient miroir
Reflétant la Lumière irradiée du Devoir.

Le Graal

Le Cercle de la vie, nourriture du corps,
Est de l'âme la voie qui peut vaincre la mort,

Générer de l'esprit la Force de la Gnose,
Réalité du Verbe, en sa métamorphose,
Activer du mystère un creuset primordial,
Á travers une coupe, où, dans son point central,
L'aigle surgit du ciel, y transmettra le Graal.

L'Évangile selon Saint-Jean

Le Verbe primordial, la Parole de Dieu,

Est le commencement de toute création
Voulue par l'Éternel et son émanation
A créé toute chose et tout être et tout lieu
Nécessaire au début de toute conception,
Genèse de la vie, elle était la Lumière
Illuminant les cieux pour éclairer le monde,
Luire en l'obscurité, car son éclat inonde
Et glorifie du Fils la Vérité première,

Si un homme est venu en rendre témoignage,
Est allé vers les siens pour le divin partage,
Les siens ne l'ont pas cru, ne l'ont pas reconnu,
Ont ignoré de lui le plus précieux message,
Non du sang de la chair, mais du Verbe reçu,

Sur lui viendra l'Esprit, descendre et demeurer,
Après moi il viendra, car il m'a précédé,
Il était avant moi, il vient pour nous sauver,
Nous transmettre du Père, Amour et Vérité.
Toi donc, qui donc es-tu ? Est-ce toi le Messie ?

Je suis dans le désert celui dont la voix crie
Et je baptise d'eau, mais Lui, du Saint-Esprit.
Allez boire à sa source allez car le voici,
Notre seigneur Jésus, l'Agneau de Dieu, le Christ.

Le Iod

Le cycle de l'action, Force manifestée
En un doigt créateur de Dieu représenté,

Idée de la Sagesse et de la Vérité,
Origine du point, centre de l'Unité
Du Principe éternel, est la lettre sacrée.

Le Maître installé

La Sagesse en la Force, afin de concevoir
Et d'aboutir ensemble à créer la Beauté,

Matérialise un but, le premier des devoirs
Accompli par celui qui, par ses qualités,
Incarne de l'Amour Lumière et Vérité,
Tâche parfois ingrate, il est un rassembleur,
Reflétant humblement et clémence et rigueur,
En éclairant l'esprit pour atteindre le cœur,

Il est le Maître élu de tout son atelier,
Non pas pour y régner, mais pour y mieux servir
Sans attendre en retour d'en être remercié,
Toujours fidèle à l'Ordre, il se doit de bâtir,
Architecte du Temple, en excellent maçon,
Lui est attribué la place méritée,
La Chaire consacrée, dont le Roi Salomon
En accorde la charge à tout Maître installé.

Le Nombre Neuf

L'essence de l'Esprit d'une âme de matière,
Est de la création la substance première,

Nourrissant de l'Humain l'existence éternelle,
Ouvrant de son destin la voie intemporelle,
Marquant la finition, carré du nombre trois,
Bornant de l'Univers la manifestation,
Royale volonté qui exalte ses lois,
Elle achève sa boucle en sa transmutation.

Nombre du Maître élu, son triangle divin
Englobe dans son sein ses trois mondes en un,
Unité rédemptrice et cosmique à la fois,
Finalisant la vie, il donne et il reçoit.

Le Pélican

Le germe de la vie, la substance du cœur,
Esprit de la matière en son sang rédempteur,

Poussé jusqu'à l'oubli et jusqu'au don de soi,
Est de la transmission le vecteur de la Foi,
Le principe moteur de la continuation
Initiale de l'œuvre en sa transmutation,
C'est du Verbe incarné le symbole vivant
Absolu de l'humain, qui, en se sacrifiant,
Nourrira par l'Amour l'âme du Pélican.

Le Phénix

L'achèvement de l'œuvre est un cycle infini
En un perpétuel renouveau de la vie

Pierre philosophale en oiseau incarnée
Harmonie du Principe en un cercle enflammé
Et Lumière céleste au triangle associé
Ne mourant que pour naître à l'immortalité
Il s'élève et conquiert les profondeurs de l'X
X comme un Dieu vivant qui renaît du Phénix.

Le Poignard

Le droit à la révolte est un droit légitime
Et c'est de tout cherchant bien plus qu'un choix intime,

Pour trancher dans le vif, tuer l'immobilisme,
Orienter de sa voie le chemin rédempteur,
Il lui faut rejeter, vaincre l'obscurantisme,
Glorifier par son acte un combat intérieur,
N'incarner avec lui que justice et vertu,
Accomplir son devoir en étant le rempart
Rigoureux de l'absurde, et, l'ayant combattu,
De ce crime puni, en brandir le Poignard.

Le Point

Le centre de l'Humain, celui de l'unité,
Est en géométrie l'essentielle entité,

Principe intemporel, il n'a pas de parties,
Ouvre de l'Univers l'infiniment petit,
Il est en même temps l'origine et la fin,
N'a pas de dimension, c'est du Cercle divin
Toute la création émanée par le Point.

Le Pont

La construction d'un lien, lissé par la truelle,
Est celle qui relie toutes pierres entre elles.

Porte de la Lumière et de la Vérité,
Ouvrant grand le couloir de la continuité
Nécessaire au cherchant, c'est la Force en action
Transcendant le combat de l'âme par le Pont.

Le Puits

Le voyage intérieur, le centre de soi-même,
Est une progression, une porte suprême

Pour connaître de soi son intériorité,
Un combat silencieux contre l'obscurité,
Infinie d'un chemin au milieu de la nuit,
Tourné vers la Lumière et vers la Vérité
Secrète, en la Sagesse, inscrite au fond du puits.

Le Saint des saints

La demeure de Dieu, Sa Cité sur la terre,
Est le cœur harmonieux d'où jaillit Sa Lumière.

Sans dimension réelle, elle est la Transcendance,
Alimentant de l'Arche une divine Alliance,
Incarnant l'Éternel dans Sa pleine puissance,
Nourrissant l'Énergie, elle est Sa quintessence,
Temple intérieur de l'âme, elle en est la substance.

De leurs ailes couvrant le Cube originel,
Éclairés par tout l'or du feu intemporel,
Ses deux grands Chérubins du char universel

Se dressent sous le trône, où d'un voile caché,
Au-dessus du Naos s'en devine l'accès,
Imprégnant de leur bruit La Voix de l'Incréé,
Ne s'élève sur eux que l'Amour en La Main
Tendue par l'Éternel vers tout le genre humain,
Scellant le plan sacré avec le Saint des saints.

Le sceau du Secret

L'index et le médium tendus et rapprochés,
Et le pouce attenant, sur la paume plié,

Stimulent du silence une autre dimension
Capable d'intégrer l'essence de l'action,
Elle ouvre de notre âme une parole intime,
Avec sa vibration que le Verbe sublime,
Unit, dans sa sagesse, à la main de justice

Donnant à la pensée une voix créatrice,
Une force intérieure, où clémence et rigueur

Symbolisent surtout l'éveil spirituel,
Et, de la connaissance, un chemin graduel.
C'est lui qu'il faut chercher au fond de notre cœur,
Retrouver dans celui que l'esprit nous transmet,
Et reconnaître en lui le lumineux trajet
Tracé vers le conscient, sous le Sceau du Secret.

Le Sceptre

Le bâton vertical, marque d'autorité,
Emblème de puissance et de la royauté,

Symbole de justice et de commandement,
C'est celui détenu par le Trois Fois Puissant
Et qui, par son action droite et spirituelle,
Pour le Maître Secret, par son pouvoir révèle
Tout homme dont le front sous le sceau de l'Équerre
Recèle de son voile un reflet de Lumière
En prolongeant d'un bras l'image intemporelle.

Le Serpent

Le recommencement, le cycle perpétuel
Est d'une sphère unique, un symbole éternel.

Sagesse universelle aux vertus curatives,
Elle se tord brûlante en spires successives,
Représentant du Tau un emblème sacré,
Perpétuel combat de la dualité,
Elle est de l'œil du cœur, son accomplissement,
Naissance de la vie par la mort recréée,
Tel un bâton d'airain qui se meut en Serpent.

Le Temple Noir

L'aigle s'est envolé, a franchi les frontières,
Et la Rose posée, à même sur la pierre,

Transpirant toute l'eau, la douleur et le sang,
Est la dernière voix de l'Esprit expirant.
Malgré l'obscurité qui règne au Mont Calvaire,
Parmi l'hypocrisie, la mort et le mensonge,
La flamme de la vie subsiste et se prolonge,
Elle est encor palpable au centre du Carré,

Nombreux sont les fragments d'un monde enténébré,
Où des Cercles tracés, les Triangles sacrés
Insufflent la Lumière et ravivent l'espoir
Rallumant les Vertus au sein du Temple Noir.

Le Vice

L'élan impétueux de la cupidité
Et des vils intérêts de la faune profane

Véritable attribut du fallacieux organe
Idolâtrant du Mal toute l'obscurité
C'est celui qui étend sa force destructrice
En masquant la vertu de l'âme avec le Vice.

Le Vin

Le sang de Connaissance et d'immortalité
Est de l'Être l'essence en sa forme incréée

Véritable élixir du Principe émané
Il est l'eau de la vie qui du sel et du pain
Nourrira de l'esprit la substance du Vin.

Ordo Ab Chao

Oeuvrer à mettre en place une vraie transmission
Représentant le choix, la manifestation
Du Principe initial dans sa dualité,
Oppose d'un concept sa réciprocité.

Alternance d'un cycle et réalisation
Basculant d'un passage à l'autre en transition,

C'est de la vibration première un renouveau
Harmonieux d'un état qui génère le Beau
Amorçant l'impulsion du Verbe avec ces mots
Obscurité, Lumière et Ordo Ab Chao.

Phaleg

Passer du plan concret, celui de la matière,
Humaine perception de la diversité,
Á celle de l'esprit pour parfaire la pierre,
Le Temple corporel par le Verbe créé,
Est le cheminement de réintégration
Glorieuse du maçon vers sa reconstruction.

Raphaël

Rendre par Charité « la Lumière à ses yeux »

Au nom de l'Éternel, à la Gloire de Dieu,

Par un baiser de paix se rapprocher du père,

Honorer le Seigneur par la sainte prière,

Avoir pour conducteur un envoyé du ciel

Et guérir en son nom, c'est parcourir sur terre

Le chemin de l'Amour, guidé par Raphaël.

Tout est consommé

Toute la coupe est pleine, il est maintenant l'heure,

Où il faut qu'en notre âme un mot sacré demeure,

Un feu doit enfermer le secret dans nos cœurs,

Très Sage Souverain, rendons grâce au Seigneur.

En ce lieu éclairé, Sa présence réelle

Se manifeste ici dans Sa Gloire éternelle,

Triomphe de l'Amour et de l'Être incréé,

C'est du sel et du pain l'alliance consacrée,

Où du pacte divin, le cercle resserré,

Nourrira de sa Force un lien sacralisé.

Si la Foi, l'Espérance et si la Charité

Ouvrent la voie tracée de l'immortalité,

Maintenant le Grand Œuvre enfin est achevé

Maintenant la Parole en l'âme est imprimée

Et l'objectif atteint car Tout Est Consommé.

Tubalcaïn

Transmuter une terre et la diversifier,
Utiliser cet art afin de purifier,
Bâtir et façonner, travailler ce métal,
Avec intelligence, en extraire le Graal,
Libérer de son cœur toute sa quintessence,
C'est constituer l'être avec la connaissance,
Á partir du non-être, en créer l'excellence,
Insuffler cet Esprit, c'est la Force en l'Humain
Nourrie du Feu sacré forgeant Tubalcain.

199

… et autres

Charlie Hebdo

C'est la France qu'on tue, c'est la Laïcité

Honteusement bafouée, c'est notre Humanité

Abattue lâchement par d'odieux terroristes,

Répugnants assassins d'innocents journalistes !

Levons-nous d'un seul corps, car contre la folie

Il nous faut réagir afin que nul n'oublie

Et grave dans son cœur ces mots : Je suis Charlie.

Harmonisons nos voix, pour de la Liberté

Exalter les valeurs et par notre Unité

Bravons l'obscurantisme ! Il faut les arrêter,

Devant le monde entier, ce cri fera écho

Obstacle à cette horreur : je suis Charlie Hebdo !

Le 7 janvier 2015.

Chrétiens d'Orient

Croyants ou non croyants, il faut tous se lever,

Hommes de tous pays, il faut leur dire : assez !

Réagissons enfin devant l'atrocité

Et ne tolérons plus autant de cruauté,

Tous ensemble contre eux, il faut vous indigner !

Il faut sortir enfin d'un silence complice

Entérinant le viol, le meurtre et le supplice.

Non, face à ce massacre, il ne faut plus se taire,

Sous-estimer l'horreur vécue par les Chrétiens.

Devenons tous l'écho de ce cri planétaire,

Oeuvrons à le répandre et qu'il soit le soutien

Responsable et conscient de ce peuple opprimé.

Ils sont les descendants des tous premiers chrétiens

Et du Christ ils emploient le langage sacré.

N'aurons-nous rien à dire un jour à nos enfants

Terrifiés par le sort de ces Chrétiens d'Orient ?

Hermès Trismégiste

Homme ou divinité ? Ou peut-être les deux,
Et même beaucoup plus dans son ubiquité,
Reconnu trois fois grand, placé au rang des Dieux,
Mage, inventeur des arts, chercheur de Vérité,
Essentiel précurseur, ses écrits hermétiques
Sont la base aujourd'hui de la science alchimique.

Tout est dans tout. Cherchez ! L'étude de la nature
Répond aux vraies questions de l'humaine aventure,
Il était un Grand-prêtre et le plus grand des rois,
Sa triple incarnation l'a grandi chaque fois,
Mais il est avant tout la pensée créatrice,
En sa forme unifiée, la Gnose fondatrice
Générant le Grand Œuvre et la prime matrice
Initiale de l'être en son infinité,
Sagesse, enseignement, par le Verbe créé,
Toute la Connaissance, et par elle il existe
Encore car c'est lui, c'est Hermès Trismégiste.

Isis et Osiris

Incarnation du moi, magie initiatrice,
Symbole féminin et divine matrice,
Ineffable beauté du non manifesté
Sous ton Voile sacré, un corps d'éternité,

En naissant de la mort du Principe matière,
Transcende de sa vie, une autre de Lumière.

Or de la délivrance et Matéria Prima,
S'est unifié celui que le mal dispersa,
Il est l'âme du Nil, la terre de Memphis
Reçoit de sa semence Amour et Vérité,
Il guide le cherchant qui va se recréer
Sous le souffle divin d'Isis et d'Osiris.

Je ne suis qu'un passant

Je ne suis qu'un passant,

Je ne suis qu'un cherchant,

Pour poursuivre ma route et mon chemin sur terre,

J'ai pris un fil à plomb, un niveau, une équerre,

Un maillet, un ciseau, une règle, un compas,

Et vers la Vérité j'ai dirigé mes pas,

J'ai cru que je pourrai atteindre la Lumière

Et que par mon esprit, je vaincrai la matière,

J'ai cru qu'en pénétrant la Chambre du Milieu,

J'y trouverais enfin réponse à mes questions,

Mais c'est le dos tourné que j'ai franchi ce lieu,

Et ma marche en avant s'est faite à reculons,

J'ai donc compris alors que ce que j'ai cherché

Était peut-être en moi profondément caché.

Je ne veux que chercher

Je ne veux que chercher,

Je ne veux qu'avancer,

Et même si ma route est sombre ou ombragée,

Elle m'a pour toujours profondément changée,

Et de ma renaissance, elle sera mon choix,

Car en me retournant j'ai poursuivi ma voie.

J'ai vu dans son cercueil le corps de notre Maître,

Il m'a été permis d'avoir été et d'être

Celle que j'ai sans cesse été sans le savoir,

L'Étoile qui me guide est symbole d'espoir,

De vie universelle en sa forme mouvante,

Je ne veux que la suivre en sa courbe ascendante

Pour pouvoir de mon corps extirper la matière

Afin que mon esprit, dans sa forme première,

Gravisse le chemin du Temple de Lumière,

Et puisse y déposer très humblement sa pierre.

Joseph Cerneau

Justice et Vérité, des mots qui sans frontière

Ouvrirent son chemin d'une voie de Lumière.

Si l'on ignore tout de son adolescence,

Et si l'on sait très peu de sa petite enfance,

Par contre avec son œuvre, on a, de sa mémoire,

Hérité de travaux qui fondent notre histoire.

Ce Grand Maître maçon prôna l'Égalité,

Exalta les bienfaits de la Laïcité,

Renforça les valeurs d'une vraie Mixité

Nouant les lacs d'amour de notre Liberté.

En éveillant l'esprit, il transmit un Flambeau,

Attisant de ses feux une Fraternité,

Un Ordre Universel, Rite Joseph Cerneau.

L'Alchimie

L'étincelle divine au cœur de toute chose

Anime la matière en sa métamorphose,
La voie humide ou sèche en habite l'essence,
C'est l'Être en harmonie avec la connaissance,
Hermétique aliment de purification,
Il est le Feu sacré de la transmutation,
Modelant le Grand Œuvre en élixir de vie,
Il est l'Esprit subtil de purification,
Extrait de l'Art Royal, c'est l'Or de l'Alchimie

L'Holocauste

Le supplice de ceux que l'on a massacrés,

Horriblement tués, gazés, sacrifiés,
Ou même injustement dans des camps déportés,
Le monde a le devoir de ne pas l'oublier,
Ouvrir un livre d'or qui devra témoigner
Contre un visage obscur de notre Humanité.
Afin que plus jamais l'histoire ne répète
Une telle infamie dans toute la planète,
Soyons tous vigilants et de façon concrète
Toujours prêts à agir, parés pour la riposte
Évitant du futur un nouvel Holocauste.

L'œil d'Horus

La quête de Lumière et de la Connaissance

Ouvre le feu sacré de l'Être primordial
En un mystère troublant de la céleste essence
Incarnant le combat du bien contre le mal,
L'équilibre cosmique et la continuité

Du Verbe créateur dans sa féminité,

Héritier d'Osiris, premier des pharaons,
Oudjat de clairvoyance à tête de faucon,
Regard de l'invisible aux larmes exhalées,
Unité de la source au divin processus,
Souffle un parfum de l'âme en l'eau de l'œil d'Horus.

La Commune de Paris

Le drapeau rouge flotte encor dans la mémoire
Amplifiée par tous ceux qui ont écrit l'histoire.

C'est le vivant symbole et la couleur du sang
Opiniâtre d'un peuple et d'un gouvernement
Mandaté par ce peuple, et le soulèvement
Massif des ouvriers, qui, tous en même temps,
Unirent leurs efforts, artisans, commerçants,
Nombreux à les rejoindre ont grossi de leurs rangs
Encore et toujours plus ce légitime élan.

De ces deux mois d'espoir, ces mois de liberté,
Est né un mouvement qui traversa les âges :

Proclamer les bienfaits de la Laïcité,
Accorder à chacun, enfin, l'Égalité,
Reconnaître en l'union la valeur du mariage,
Instituer des lois bien plus tard établies
Sur celles ébauchées en ce temps à Paris.

La Décade Pythagoricienne

Les lois de l'Univers ont des codes secrets
Auxquels le nombre quatre au dix est associé,

Du Tétragramme émane un symbole sacré
Exaltant du divin la parfaite unité.
C'est la philosophie, Sagesse et Vérité,
Autre forme Céleste et Sainte Trinité,
Dans l'espace et le temps, c'est l'essence première
Exprimant la Beauté de l'Être de Lumière.

Par quel heureux hasard, par quelle volonté,
Y a-t-il eu un jour un Génie éclairé
Transcendant par un nombre une Divinité ?
Humaine perception de la dualité,
Au sommet règne un point, et son extrémité
Génère du Cosmos le Principe incréé.
Ouvrant sur l'Univers sa Force créatrice,
Rayonnant d'un quadruple éclat, la Tétraktys,
Ineffable harmonie, s'exprime par le Dix.
C'est le nombre sacré, c'est la source éternelle,
Incarnant du divin la vie universelle
Et de la Création, l'image intemporelle.
Nécessaire substance, il est l'émanation
Naturelle d'un Dieu, qui, vers la perfection,
Élèvera chaque âme en son initiation.

La Grande Loge de France

Les Symboles placés sur l'Autel des serments
Accentuent du sacré son accomplissement,

Garantissent du Rite une stricte observance,
Renforcent d'une union la véritable essence
Amplifient de noblesse une grande Obédience,
Nourrissent dans son sein le fruit de sa semence,
Déploient par leur action tout le questionnement
Exaltant du maçon le long cheminement.

Le respect de chacun dans sa diversité
Ouvre de ses valeurs une vraie Liberté
Grandissant de Sagesse avec Force et Beauté
En lettres de noblesse un mot : Fraternité.

De ses Anciens Devoirs, le référencement
Enjoint pour la Patrie un total dévouement.

Faire un travail sur soi et puis se corriger,
Retravailler encore afin de progresser,
Afin d'améliorer en nous l'Humanité,
Nuancer l'harmonie du mot Égalité,
C'est entrer dans la voie qui, de la connaissance,
Écrit vers son chemin : Grande Loge de France.

La Grande Loge Nationale Française

Le principe initial clairement formulé,
Auquel l'Homme éclairé, entrant dans l'Obédience,

Garantit adhérer en son âme et conscience,
Repose sur sa Foi en un Dieu révélé.
Avec un absolu respect des traditions,
Notamment de celui de sa Juridiction,
Dont il fait référence à des Anciens Devoirs,
Éléments justifiant sa Régularité,

L'Ordre est donc bien un Ordre et non une entité
Ou une association commune de comptoir.
Gardien d'un Rituel, il défend une éthique,
En imposant à tous son exacte pratique,

Nouant des liens d'amour et de Fraternité
Auxquels vient se greffer un idéal de paix.
Toujours dans l'harmonie de sa diversité,
Impliquant le respect de toutes les croyances,
Opinions de chacun, il a une exigence :
Ne pas en discuter au sein d'un atelier,
Afin que règne en loge une vraie tolérance,
Loyale et fructueuse entre les ouvriers,
Et qu'ils puissent tisser des liens privilégiés,

Fraternels et féconds qu'ils n'auraient jamais eus.
Répondre de ses vœux en posant sa main nue
Á même sur la Bible, et de sa Sainte Loi
Nouer de son serment l'engagement sacré,
C'est, d'un travail zélé, y consacrer sa Foi.
Avoir pour règle d'or le respect du secret,
Incarner d'un cherchant sagesse et dignité,
Secourir dans l'honneur et protéger son frère,
Est, de la Vérité, un pas vers la Lumière.

La Haine

Le sentiment Humain le plus dévastateur

A creusé son sillon tout au fond de nos cœurs

Honte à ceux dont la graine y puise sa semence

Á ceux dont les fruits mûrs abreuvent la conscience

Imprègnent leur esprit de sa déliquescence

Nourrissent de leur âme une sourde gangrène

Et qui au nom d'un Dieu répandent tant de Haine.

La Joie

Le vrai sens de la vie, c'est le pouvoir divin
Augmentant la Lumière insufflée à l'humain,

Jusqu'à l'en submerger par sa source d'Amour,
Ou bien l'en imprégner un peu plus chaque jour,
Il est l'achèvement du bonheur d'être soi
En l'accomplissement de l'âme avec la Joie

La Laïcité

La liberté de croire ou bien de ne pas croire,
Avec celle de vivre ensemble notre histoire,

La vraie séparation de l'Église et l'État,
Avec pour mêmes droits, bien sûr, mêmes devoirs,
Il faut, pour obtenir enfin ce résultat,
Combattre tous ensemble afin de promouvoir,
Inscrire en lettres d'or le mot Égalité,
Tresser les lacs d'amour de la diversité
Et les consolider par la Fraternité.

La Laïcité II

L'État se séparant enfin des religions,
Accordant à chacun d'avoir ses convictions,

L'État reconnaissant enfin la liberté
Á tout individu dans notre société,
Interdisant de droit la discrimination,
Condition absolue de sa Constitution,
Impliquant de ce fait enfin l'égalité,
Tout en garantissant sa vraie neutralité,
Érige un sens réel au mot Laïcité.

La Table d'Émeraude

L'insistance du vrai, dans cette affirmation,
Authentifie le sens implicite des mots,

Tout ce qui est en bas est le même qu'en haut,
Afin que la Chose Une ouvre la création,
Bâtisse de la vie une loi primordiale,
La pensée de l'Unique est sa forme initiale,
Elle est l'adaptation de l'Énergie divine,

Du père et de la mère, elle en est la racine

Émanée de l'Esprit dans l'univers entier,
Manifestée sur terre en son omnipotence.
En séparant du Feu le subtil du grossier,
Retient grande attention, respect, compréhension,
Ainsi tu te seras défait de l'ignorance,
Une force suprême, une interconnexion
Du tout par toi existe, et c'est la Connaissance
En toi qui va surgir de sa glorieuse essence.

La Pierre Philosophale

La Matéria Prima, c'est la transmutation
Au cœur de l'Énergie, la Conscience absolue

Par l'étincelle de Feu ôtant le superflu
Illusoire de l'être en sa maturation,
Elle est de la Genèse une pierre angulaire
Recelant tout en elle en sa forme grossière,
Réceptacle sacré du Verbe originel,
Élixir de l'Amour en son écrin charnel,

Processus alchimique et transfiguration
Humaine du vieil homme avec sa mutation
Intégrale du corps de l'âme et de l'Esprit,
Libérant de sa Force une autre vibration,
Où va se rectifier sa substance première,
Se révéler en lui un éternel conflit
Opposant sa part d'ombre à celle de Lumière,
Pour gagner ce combat, il doit de sa matière
Harmoniser son art avec sa transcendance,
Accomplir le Grand œuvre en devenant l'essence,
L'Or de la connaissance en sa forme finale,
En sa forme achevée : Pierre Philosophale.

La Vérité

La voie de Connaissance est un profond mystère
Accessible à celui qui va vers la Lumière,

Vibration de l'acquis, elle semble une évidence
Et pourtant, bien souvent, ce n'est qu'une apparence
Reconnue comme étant conforme à son objet,
Illusion de l'esprit, c'est un concept abstrait,
Tant par son absolu que sa réalité,
Écrin de toute erreur, qu'on nomme Vérité.

Le Cyborg

La relation intime entre corps et machine
Est une hybridation que la science imagine,

C'est une mutation, qui, de notre futur,
Y détruira de l'âme un principe sacré,
Bannira le divin par son côté obscur,
Ouvrira du possible une autre destinée,
Repoussant de la mort une fin programmée,
Générant du Cyborg celle qu'il va créer.

Le Droit Humain

L'Égalité pour tous et par la mixité
Être enfin le vecteur d'une Fraternité

Défendant de chacun une vraie Liberté
Respectant les valeurs de la Laïcité
Oeuvrer pour le bonheur dans la continuité
Initiatique afin d'exalter de sa voie
Toujours de son équerre un parfait angle droit

Humblement rechercher en poursuivant ses pas
Une autre Vérité qui avec le compas
Mêle harmonieusement l'esprit à la matière
Amplifier Sa Lumière et sur la terre entière
Illuminer Son Temple en aimant son prochain
Nourrit le Franc-maçon au sein du Droit Humain.

Le Génocide Arménien

La conscience ne peut rester indifférente
En cautionnant l'oubli d'une histoire sanglante

Galvaudant un passé qui nie l'affreux massacre
Et les crimes commis sur un peuple opprimé.
Non, c'est fini, assez ! Stop à ce simulacre
Orchestré par tous ceux dont les yeux sont fermés !
C'est toute une nation que l'on a opprimée,
Immolée, sacrifiée, en toute impunité.
Dressons-nous d'un seul corps, et soyons tous lucides
En admettant enfin l'horrible Génocide.

Anciens de tous pays, enfants de l'Univers,
Refusez de l'oubli tous les effets pervers,
Méritez le nom d'homme et celui d'Être Humain,
En mémoire de ceux, ces tout premiers Chrétiens,
Naguère assassinés. Survivants de l'exil,
Inscrivons aujourd'hui, en ce vingt-quatre avril,
En lettres d'or ce jour, que ce jour soit enfin
Nommé et reconnu Génocide Arménien.

Le 24 avril 2015

Le Grand Orient De France

Le centre de l'Union entre tous les Humains
Est de cette Obédience un vœu des plus anciens.

Garantir de plein droit une vraie Liberté
Respectant la croyance et la Foi de chacun,
Amplifier dans son sein une Fraternité
Nourrissant son essence en la diversifiant,
Décuple son action en la multipliant.

Oeuvrer pour le maintien de la Laïcité,
Respecter en tous points le mot Égalité,
Illumine la voie où elle est engagée,
Éclaire une autre route où vont se diriger
Nombre de Francs-maçons cherchant la Vérité
Toujours dans la Sagesse avec Force et Beauté.

Défendre les valeurs de notre République
En combattant toujours la pensée dogmatique,

Faire un travail sur soi, dans un effort commun,
Rejoindre un égrégore et parvenir enfin
Á s'enrichir vraiment de cette différence
Nécessaire et vitale à l'humaine existence,
C'est de la Connaissance un début de chemin
Entrepris en entrant au Grand Orient De France.

Le Labyrinthe

La détermination de vaincre ses faiblesses
Est pour l'homme un combat qu'il doit mener sans cesse,

Le chemin symbolique est une délivrance
Accessible à celui, qui, en toute conscience,
Bravera de son moi son animalité,
Y trouvera son but et sa finalité,
Rassemblera son centre en sa diversité,
Il est sa mutation, son accomplissement,
N'ouvre de son parcours que le commencement
Terminant d'une étape, une autre, en mouvement,
Harmonise sa voie et laisse son empreinte
En l'Esprit qui du fil, le sort du Labyrinthe.

Le Martinisme

La réintégration de l'âme au lieu originel
Est le retour de l'homme auprès de l'Éternel,

Mystique voie sacrée, ce Principe Christique
Atteint, par l'inconnu, une alliance alchimique
Rejoignant l'invisible Unité du divin,
Tous les élus Cohen la recherchent sans fin,
Ils libèrent leur corps et leur cœur de matière,
Nécessaire chemin vers l'ange de Lumière,
Incarnation du soi, et par leur vibration,
Sanctifiant l'égrégore, ils ont la Transmission
Mystérieuse de l'Être, et, par le symbolisme
Exaltent de l'amour, l'âme du Martinisme.

Le Naos

La Lumière unissant la terre avec le ciel,
En exaltant le cœur du Temple immatériel,

Ne se découvrira que dans la profondeur
Ascendante de l'âme avec son créateur,
Où, par l'incarnation de sa divine essence,
Se créera du Naos celle de Sa présence.

Le Pilier Djed

Le principe éternel, reliant de la Terre
Et du monde céleste un centre circulaire,

Pour établir un cycle, une continuité,
Illuminer d'un cœur la parfaite unité,
L'Énergie primordiale, en la stabilité
Incarnée par le Verbe en son infinité,
Est l'accomplissement de l'axe vertical
Rejoignant de la Croix le point horizontal

Dans l'espace et le temps du Cercle primordial
Justifiant du divin le jubilé royal,
En la résurrection pendant la fête Sed
Du Dieu qui se redresse avec le Pilier Djed.

Le Rite Émulation

Les pierres ajustées sont du temple le cœur
Et du Cercle parfait l'âme du rituel,

Reflet de l'harmonie du centre virtuel,
Incarnant une osmose avec le Créateur,
Tant du corps, de l'esprit, que du travail constant,
Exprimé par l'union ternaire des présents,

Et cet art de bâtir, réalité ultime,
Matière du cherchant, qui de son moi intime
Unira par sa foi la sacralisation,
Le respect des valeurs et de la tradition,
Accentue le pouvoir de la méditation,
Transforme l'impétrant qui, ni nu ni vêtu,
Introduit recouvert de sa seule vertu,
Orientera sa voie dans une direction
Nouvelle de sa vie, au Rite Émulation

Les Huit Béatitudes

Les pauvres en Esprit seront les Bienheureux
Et rejoindront bientôt le royaume des cieux.
S'ils se sont détachés de tous biens matériels,

Humblement enrichis de bien spirituels,
Un chemin de Lumière, alors, les guidera,
Incarnera la voie qui pour eux s'ouvrira,
Tout en les conduisant vers l'idéal, le but,

Basé sur les vertus, sur l'espoir d'un salut,
Et le choc en retour de la loi du Karma,
Augmentant son crédit par une intelligence
Totale de son sens et de son exigence.
Ils seront affamés, assoiffés de justice,
Toujours dans cet amour de Dieu, sans artifice,
Un amour de soi-même autant que son prochain,
De cette pureté, de cette plénitude,
Et des persécutions de leur vie de chrétiens,
Se transmettra le cri des huit Béatitudes.

Les Cathares

Le message du Christ, son sens originel,
Était pour les parfaits le but de tout mortel.
Si Dieu est omniscient et présent dans le Bien,

C'est qu'il est ce qui est, et le reste n'est rien.
Âme, être et corps subtil ne sont pas éternels,
Toute prison charnelle est la mort, c'est la fin
Hébergeant en la vie un principe malsain
Accomplissant sa perte en se réincarnant.
Rien ne peut l'empêcher, sauf si le sacrement
Extrait son pur Esprit et d'elle le sépare,
Sanctifiant sa naissance en le créant Cathare.

Les compagnons du Devoir

La réalisation, dans, et par son métier
Est le but recherché, le parcours idéal,
Suivi par l'aspirant. L'apprenti ouvrier

Comprend par là vraiment l'engagement moral,
Où doit, ni se servir, ne doit, ni s'asservir,
Mais seulement servir, ceux qui respecteront,
Par leur comportement les hommes qu'ils seront.
Alors c'est son travail, qui, grâce à ses voyages,
Générera de lui un long apprentissage,
Nourrira son esprit d'une autre dimension,
Ouvrira de sa voie, une autre, en formation,
Non d'un titre obtenu, mais d'un état du nom,
Son chef-d'œuvre accompli, qui le crée compagnon.

De par son savoir-faire, il saura savoir être
Un homme, un homme bon, celui qui va transmettre,

Découvrir d'autres lieux, sans ménager sa peine
En une construction avant tout de lui-même,
Visiter des pays, côtoyer ses Cayennes,
Où il pourra toujours s'y faire recevoir,
Il va s'épanouir dans un métier qu'il aime,
Rejoindre l'excellence en un glorieux devoir.

Les Templiers

Les Chevaliers du Christ ont, dans les temps anciens,

Escorté, protégé, en Orient les Chrétiens.

Sécurisant les voies de nombreux pèlerins,

Tous ces preux combattants ont, dans la pauvreté

Et dans l'obéissance, fait vœu de chasteté.

Moines et paysans, prêtres et guerriers,

Par le signe de croix, se sont tous unifiés,

Le cri de : « Dieu le veut » rallia ces Croisés,

Ils fondèrent ainsi un Ordre religieux

En une guerre juste où, d'un droit de tuer

Reconnu légitime, un quatrième vœu

Sacralise avec lui, l'âme des Templiers.

Le Yin et le Yang

La vie rejoint la mort, elles sont imbriquées,
Et c'est un absolu qu'on ne peut expliquer.

Y a-t-il une loi, une autre conception,
Insufflant à l'esprit l'autre compréhension
Niant la différence en la représentant ?

En insérant le noir dans la partie du blanc,
Tout en l'emprisonnant dans celle qui est claire,

Les opposés ne sont plus qu'un simple élément,
Et chaque chose enferme en elle son contraire.

Y voir la vie réelle exprimer le binaire,
Avoir la sensation d'approcher le Big Bang
N'est peut-être qu'un rêve, où le ciel et la terre
Généreront l'humain dans le Yin et le Yang.

Maât

Matrice de Sagesse, émanation de Râ,
Au seuil du jugement et de la délivrance,
Affrontant sa pesée, une pure Conscience
Trouve en son cœur la voie du Principe Maât.

Mathusalem

Mettre en pratique un peu de solidarité,

Assister nos anciens dans la difficulté,

Tendre une main amie au Maçon isolé,

Handicapé, malade, ou même accidenté,

Unifier nos efforts afin d'améliorer

Sa condition de vie et puis l'accompagner

Avec tout notre amour vers l'Orient Éternel,

Là est notre devoir et cet acte essentiel

Est de notre serment son essence suprême,

Matrice du soutien dû à Mathusalem.

Memphis - Misraïm

Maintenir et transmettre en sa pleine puissance,

Encore et toujours plus l'héritage commun,

Mêler à ce dépôt le vécu de chacun,

Pour librement chercher en son âme et conscience

Humblement de l'éveil la pleine jouissance,

Irriguer son esprit au cœur d'une oasis,

Sur la terre d'Égypte au Temple de Memphis,

Multiplier du Verbe une Sainte Semence,

Imprégner en ses fruits une divine Alliance,

Se fondre aux eaux du Nil, en la saison de Shâ

Rejoindre du Naos l'Équerre et le Compas

Au mois sacré de Thôt, c'est de son moi intime

Intégrer de la Règle une essence sublime

Manifestée au cœur de Memphis-Misraïm.

Noun

Naître d'un océan où la vie et la mort

Où l'espace et le temps dans un subtil accord

Unifient du divin la Vérité première

N'est de l'âme qu'un pas franchi vers la Lumière

R∴L∴ Émile Littré

En l'an mil huit cent un naissait un humaniste

Mais c'est beaucoup plus tard qu'il choisit une piste

Influant sur sa vie et sur son devenir.

L'homme qu'il a été va se redécouvrir

En une renaissance à son initiation.

Le travail a nourri cet être d'exception,

Il n'est pas seulement l'auteur d'un dictionnaire,

Toute l'œuvre accomplie était plus qu'exemplaire.

Temple de la justice et de la liberté,

Révélant la Lumière, un lieu fut éclairé

En recevant maçon, sieur Émile Littré.

R∴L∴ Étroite Persévérance

En ouvrant cette voie qui mène à l'unité,
Tout homme est un cherchant qui peut s'améliorer,
Retrouver de son moi son ultime reflet,
Ou de son Soi vers soi peut-être se trouver.
Il faut que la Lumière intègre son esprit,
Tout en guidant ses pas vers sa route infinie,
Et que de son rayon, sa flamme soit bénie.

Pour comprendre le monde et le sens de la vie,
Et communier vraiment avec l'Être incréé,
Retrouver de son âme, une autre sanctifiée,
Sans jamais dévier de cette voie sacrée,
Éclairé par la Foi, guidé par l'Espérance,
Valorisé toujours par l'humble Charité,
En creusant en lui-même, il pourra s'élever,
Rejoindre l'Éternel par la glorieuse alliance
Avec Celui qui est, en lui, et se propage,
N'étant que de son ombre une parfaite image,
Celle qu'il doit chercher comme une délivrance,
Et celle qu'il reçoit par la Persévérance.

R∴L∴ L'Agneau des deux Saint-Jean

Hommage rédigé pour les 25 ans de cette R∴L∴

La loge est le creuset, où le questionnement

Abreuve de chacun son enrichissement,
Glorifie du travail une amélioration
Naturelle de l'être et son élévation,
Exalte d'un chemin toute sa dimension.
Apprendre à écouter, c'est entendre autrement
Une phrase ou un mot qui semble différent.

D'un idéal de Paix et de Fraternité,
Extraire de l'Amour l'universalité,
Sous l'Arche de Sagesse avec Force et Beauté

Défendre ses valeurs, c'est de la Liberté
Et de l'Égalité nous tisser une armure
Unifiant nos efforts contre la face obscure
Xénophobe et meurtrie de notre humanité.

Sortir de son cocon pour se réaliser,
Avec un rituel qui va fertiliser,
Identifier son moi et puis le transcender,
N'est peut-être qu'un pas, qui, de l'initiation
Tapisse d'une voie toute sa construction.

Jumeler de son âme une autre en mouvement
Est de la connaissance une marche en avant,
Axer vers la Lumière un long cheminement
Nourrit de son éclat L'Agneau des deux Saint-Jean.

245

R∴L∴ L'Eau Vive

La vague qui m'emporte est symbole d'espoir

Et son crépitement en est le réservoir,
Á chaque battement, mon cœur se régénère,
Unifiant de mon sang tous les humains sur terre.

Vous qui passez par là, que mon flux vous captive,
Imbibe votre esprit, votre âme et votre Foi,
Venez dans mon torrent, venez, rejoignez-moi,
Et inondez d'amour le flot de mon Eau Vive !

R∴L∴ La Vigno é L'Oulivié

La voie de l'homme libre est la route tracée
Á travers ce chemin qui mène à l'unité

Vivant sur cette terre il va se recréer
Il est comme la vigne une souche plantée
Germant vers la Lumière et prête à s'élever
Nourri par l'Espérance il va se purifier
Orienter son esprit vers l'autre Vérité

Exalter de sa Foi Amour et Charité

L'Être qui vit en lui va le multiplier

Ouvrir dans la Sagesse avec Force et Beauté
Une route infinie qui va le transcender
La source qui le guide est un arbre éternel
Il est l'arbre béni de l'homme universel
Vigoureuse Énergie de l'Être immatériel
Il est celui choisi du premier initié
Emblème de la paix du Mont des Oliviers.

R∴L∴ Marie de Magdala

Mon horizon soudain s'irradia de Lumière

Á l'instant où mon cœur, mon âme tout entière,

Reconnurent Celui qui, descendu sur terre,

Incarna Le Seigneur, le Fils de Notre Père.

Et dès lors mon esprit fut touché par la grâce

Devant Celui qui Est et qui emplit l'espace

En répandant de Dieu La Parole Sacrée.

Mes larmes et mes pleurs sur Sa Tombe versés,

Á l'orée de Sa Vie, ont roulé à Ses Pieds.

Glorifié par l'amour du pardon des péchés,

Devant Son Tombeau vide, Il était pourtant là.

Au loin Il m'apparut, j'ai entendu Sa Voix,

La première j'ai su, quand Jésus-Christ vers moi

A murmuré mon nom : Marie de Magdala.

R∴L∴ Triple Union et Bienfaisance

Tout homme qui se trouve à l'orée d'un chemin
Réalise qu'il peut inverser son destin,
Insuffler à sa vie un autre devenir,
Préserver de son âme un réel avenir,
Libérer de son corps toute sa dimension
En ouvrant son esprit vers sa recréation.

Une Énergie divine alors l'animera,
Nouvel homme entamant sa purification,
Il franchira l'espace et bientôt il pourra
Orienter de son cœur sa pensée en action,
Noyau de vraie Sagesse en l'Alliance Sacrée.

En cherchant du visible une image incréée
Tout en lui sentira l'invisible exister.

Base ferme et pourtant édifice tronqué,
Il n'est qu'une colonne Adhuc Stat brisée.
En se réintégrant à l'Unité Première,
Nourri et purifié, L'Esprit sur la matière
Franchira par la Foi l'insensible barrière,
Afin que l'Espérance et l'humble Charité
Inspire à sa mémoire une autre Vérité.
Son Génie par le Verbe entendra le mystère,
Accédera ainsi au Temple de Lumière,
Non sans avoir d'abord bien retaillé sa pierre,
Commencé de son moi la seconde naissance
En une triple union d'amour et bienfaisance.

Robert Burns

Reconnaissons en lui l'amoureux de sa terre,

Orfèvre de la rime, écrivain visionnaire,

Bâtisseur éclairé du siècle des Lumières,

Éternel troubadour, espiègle légendaire,

Reconnaissons en lui l'homme extraordinaire,

Témoin de son époque à l'humour décalé,

Bravant l'intolérance et poète engagé,

Une voix de l'Écosse et son fils préféré.

Robert « Brule » est la braise ardente et bien nommée,

Novateur de son temps, charmeur invétéré,

Séducteur immortel et Génie indompté.

SECURITE SOCIALE

S'il nous fallait un mot qui pourrait qualifier,

Exprimer la fonction de cette institution,

C'est peut-être celui de Solidarité :

Une vraie solution pour des situations

Relevant de l'urgence et une protection

Identique pour tous afin de pallier

Tous les risques sociaux et les événements

Engendrant pour chacun une perte d'argent.

Sur le plan fonctionnel, l'assistance est réelle,

Outre la maladie, vieillesse et accident,

C'est aussi la famille et tous les incidents

Imprévus de la vie qui sont sous sa tutelle.

Assurer pour chacun un revenu décent,

L'universalité dans cette attribution,

Est un des buts atteints par cette institution.

Thot

Toi le seigneur du temps, le Maître des écrits,
Homme et Dieu à la fois, douce est la Vérité
Où le dix-neuf du mois ta fête est célébrée,
Tu es la Connaissance, et du Verbe l'Esprit.

J'ai dit

Joindre à cette parole un geste bien précis

Accentue de l'action un exposé concis

Impliquant du maçon mesure ordre et clarté

De cet instant présent conjugué au passé

Il écrit le futur parcours de sa pensée

Tourne une simple page en affirmant « j'ai dit »

TABLE DES MATIERES

257

263

.

www.ingramcontent.com/pod-product-compliance
Lightning Source LLC
Chambersburg PA
CBHW051817090426
42736CB00011B/1523